Le cycle de rinçage

Les Éditions Transcontinental inc.
1100, boul. René-Lévesque Ouest
24e étage
Montréal (Québec) H3B 4X9
Tél.: (514) 392-9000
1 800 361-5479

Pour connaître nos autres titres, tapez **www.livres.transcontinental.ca.** Vous voulez bénéficier de nos tarifs spéciaux s'appliquant aux bibliothèques d'entreprise ou aux achats en gros? Informez-vous au **1 866 800-2500.**

Distribution au Canada
Les messageries ADP
2315, rue de la Province, Longueuil (Québec) J4G 1G4
Tél.: (450) 640-1234 ou 1 800 771-3022
adpcommercial@sogides.com

Données de catalogage avant publication (Canada)
Morency, Pierre, 1966-
Le cycle de rinçage

ISBN-10 2-89472-311-3
ISBN-13 978-2-89472-311-1

1. Couples. 2. Relations entre hommes et femmes. I. Titre.

HQ801.M67 2006   306.872   C2006-940445-3

Révision : Diane Boucher
Illustrations p. 45, 51, 58, 59, 60 et 86 : Béatrice Favereau
Photo de l'auteur : Paul Labelle photographe © 2006
Conception graphique de la couverture et mise en pages : Studio Andrée Robillard

Imprimé au Canada
© Les Éditions Transcontinental, 2006
Dépôt légal — 2e trimestre 2006
Bibliothèque nationale du Québec
Bibliothèque nationale du Canada

ISBN-10 2-89472-311-3
ISBN-13 978-2-89472-311-1

Nous reconnaissons, pour nos activités d'édition, l'aide financière du gouvernement du Canada, par l'entremise du Programme d'aide au développement de l'industrie de l'édition (PADIÉ), ainsi que celle du gouvernement du Québec (SODEC), par l'entremise du programme Aide à la promotion.

Pierre Morency

Le cycle de rinçage

Vivre en couple pour les bonnes raisons

Les Éditions
Transcontinental

À Jessy, ma guide, ma Mère, ma Fille, mon amie

Merci

Un simple paragraphe ne pourrait exprimer toute la gratitude, tout l'émerveillement, l'honneur et le privilège que j'ai devant celle qui m'a servi et me sert encore de guide, tant comme Parent, comme Enfant que comme humain. À toi, ma Jessy, merci de m'avoir brassé dans notre machine à laver.

Je m'incline une fois de plus aux pieds de mon guide, le maître Nirvana Muni, qui m'a maintes fois rappelé que la vraie spiritualité ne se trouve pas dans le rejet mais dans l'inclusion. Qu'avant de prier, il faut aimer. Qu'avant de chercher Dieu ailleurs, je dois le trouver auprès de ma propre femme. *Namaste Guruji*.

Une fois de plus, je remercie mon éditeur, confident et ami, Jean Paré, celui qui depuis des années rend mes ouvrages digestibles pour un public reconnaissant. Merci encore, Jean.

Merci aussi à Ginette (et au groupe par lequel je l'ai rencontrée, le Retour d'Amenti) pour toutes ces heures où elle m'a écouté raconter, débattre, fouiller et structurer mes idées. Son indulgence et sa patience ont été une aide précieuse pour la rédaction du premier jet de ce livre.

Merci à mes modèles de couple. Ceux qui m'ont prouvé qu'il est encore possible sur terre d'utiliser, pour se découvrir, ce merveilleux chemin de la vie à deux : mes parents, Louise et Pierre, mes grands-parents Laetitia et René, et mes héros, Kâlî et Shiva, Radha et Krishna.

Table des matières

Les mots du début 11

1
Vous ne réussirez jamais votre vie de couple 13

2
Le couple : un sentier pour extrémistes équilibrés 37

3
Un symbole pas fou du tout 89

4
Sauter dans la machine à laver
et goûter au cycle de rinçage 125

Les mots de la fin 155

Épilogue 161

Annexe
Les anniversaires de mariage 165
Les Morency 166

Les mots du début

Si, un jour, vous me croisez dans la rue et me demandez : « Pierre, quel est le secret de ton succès et de la popularité du livre *Demandez et vous recevrez*? », je vous répondrai sans hésitation « le mariage ».

– Hein? Le mariage?

– Tout à fait. C'est par la vie de couple et ses tourbillons que j'ai pu pleinement me réaliser. C'est par la piste *extrême* du mariage que j'ai augmenté mon énergie, trouvé mon rôle de vie et redécouvert mon cœur d'enfant.

– Comme ça, t'as réussi à trouver l'âme sœur?

– Non, non.

– Alors, Jessy (en passant, Jessy, c'est ma femme) et toi étiez faits l'un pour l'autre?

– Non plus.

– Mais vous deviez être follement en amour dès le début, pas vrai?

– Encore moins!

– Euh…

Si vous voulez vraiment savoir comment le couple m'a permis de me **nettoyer,** de **redécouvrir la joie de vivre** et de **trouver mon rôle de vie** autour des thèmes «demandez et vous recevrez» et «la création du paradis terrestre», suivez la piste du *Cycle de rinçage*. Vous comprendrez pourquoi je définis le couple et le mariage comme la religion du troisième millénaire et pourquoi cette religion moderne vous offre la piste la plus rapide pour la découverte de votre rôle de vie et de l'enfant en vous.

À vous de jouer. Ou plutôt : à vous de vous faire brasser *avant* de jouer.

1

Vous ne réussirez jamais votre vie de couple

Ce n'est pas une blague. Vous avez bien lu :

> **Une vie de couple ne se réussit pas.**
> **Une vie de couple réussie, ça n'existe pas !**

Je vous choque déjà ? Ça ne me dérange pas ! Même que je vous le répète, juste pour vous baver un peu : **vous ne réussirez jamais votre couple**.

Alors tournez-vous vers votre conjoint (ouache, quelle expression horrible : des « cons-joints »), votre chum, votre blonde, votre mari, votre femme, et dites-lui : « Minou, nous ne réussirons pas notre vie de couple. » De nouveau : « Bébé, nous ne réussirons pas notre vie de couple. » Encore une fois : « Ma pitchounette, nous ne réussirons pas notre vie de couple. » Ah ! que ça fait du bien !

Du calme, je vous rassure tout de suite : ne pas réussir sa vie de couple ne veut pas dire ne jamais *vivre* en couple. Il y a même de bonnes raisons de faire le choix d'une vie à deux. Avant de passer en revue ces bonnes raisons, commençons par jeter un œil aux mauvaises.

En passant, j'ai 4 enfants et je vis avec la même femme depuis 23 ans. Non, je ne réussis pas ma vie de couple. D'ailleurs, je crois sincèrement que je ne sais même pas ce que c'est, un couple.

Ce que je sais, par contre, c'est que la plupart des gens qui essaient de réussir leur couple ratent leur vie.

L'objectif n'est pas de réussir sa vie de couple, c'est de réussir sa vie à travers le couple.

Mais si on ne peut pas réussir sa vie de couple, si c'est inutile, pourquoi s'endurer pendant toutes ces années ? Pourquoi tolérer les chaussettes qui traînent, le siège des toilettes baissé (ou levé, selon le point de vue), les engueulades, les yeux au ciel, les coups de poing dans le mur, les cris, les téléromans sirupeux, les amis qui regardent le hockey dans le salon le samedi et tout le tralala ?

Pourquoi subir le long processus d'éducation des enfants, des couches jusqu'à l'université ? Pourquoi se lever à 5 h le samedi matin pour aller en reconduire un au hockey ? Pourquoi faire l'amour au beau milieu de la nuit, à moitié endormi, pour ne pas que les p'tits entendent ? Pourquoi être fidèle ? Et surtout, pourquoi prendre le risque de perdre la plupart de ses amis ?

Faut-il vraiment se taper tout ça ? Devrions-nous plutôt faire comme d'autres et éviter le couple à tout prix, pour ensuite se cacher derrière des phrases comme « Finalement, dans notre monde moderne, on n'a pas besoin du couple » ou « Quand on regarde la nature, les animaux nous enseignent que c'est la polygamie, la solution ».

Je vous le redemande : le jeu en vaut-il la chandelle ?

Après de nombreuses années d'observation de personnes qui semblent vivre les plus belles vies, d'individus qui arrivent à des degrés de joie, d'équilibre et de maturité nettement supérieurs, j'ai développé la forte conviction suivante : je ne connais pas de meilleur moyen que **la machine à laver du couple** pour parvenir à notre plein potentiel et goûter au paradis terrestre.

Oh ! mais attention : cela ne se produit pas au début du couple. Ni même au milieu. C'est seulement lorsque le couple ne semble plus en être un que tout commence vraiment.

Les fausses prémisses

Avant d'aller plus loin, mettons tout de suite quelques éléments au clair et passons en revue la série de fausses prémisses – j'oserais même dire « la liste de niaiseries » – qui font que le couple ne marche pas. En tout cas, pas souvent.

Quand on tombe en amour, ça cogne

Avez-vous déjà remarqué que l'expression qui décrit les débuts de tous les couples, c'est « tomber en amour » (*to fall in love*) ? Tomber. On utilise le mot « tomber ». Ça ne vous surprend pas un peu ? Pourquoi on ne dit pas *sauter en amour, monter en amour, exploser en amour* ?

Pensez-y un instant : on ne tombe pas du tout en amour. On tombe tout court. On veut tomber *dans* l'amour, mais on tombe plutôt dans le « *yes*, on est dans marde » (pardon, je ne peux résister à l'envie de faire référence à cette notion évoquée à la page 101 de *Demandez et vous recevrez*). Et quand on tombe, ça cogne. Bang ! Plaisant ? Pas du tout. Quand on tombe, tout casse. Les jambes, le cœur, la figure, le nez, tout.

Vous allez tout casser.

☞ Vous allez casser vos amitiés.

☞ Vous allez casser le lien que vous aviez avec vos frères et sœurs parce que vous allez vous chicaner avec le beau-frère ou la belle-soeur.

☞ Vous allez casser votre réputation auprès de vos beaux-parents.

☞ Tout va casser.

☞ Vous allez casser votre bail, votre entreprise, votre carrière, des assiettes, des vitres, vos voitures. Et tout ça… c'est la faute à Cendrillon !

C'est la faute à Cendrillon

Si seulement elle était restée cachée dans son grenier, la Cendrillon de malheur, on aurait eu la paix.

Mais non, il fallait qu'elle sorte de son trou, cette petite misérable qui pleure parce que ses deux demi-sœurs ont déchiré sa robe et qu'elle ne pourra pas aller au bal du Prince Charmant. Snif, snif. Dieu que je le déteste celui-là, le Prince Char… de m… Maudite pression qu'il nous a mise sur le dos, hein, les gars ? Mais, heureusement, il y a les souris. La gang à Mickey en renfort ! Ben oui, des souris.

En tant que chercheur terre à terre, j'ai donc analysé pour vous, dans ma très grande science, la conclusion incontestable que nous livre ce conte de Perrault revisité par Disney : pour réussir votre couple, ça vous prend des souris. Voilà ! Souris, hamsters, bibittes poilues, bref, n'importe quoi du genre.

Les fameuses souris atomiques réussissent à sortir Cendrillon de son grenier, et elle court pleurer au jardin. C'est là que le calvaire (calvaire pour nous, pauvres partisans de la vie de couple) atteint son point culminant. La fée marraine apparaît avec sa baguette magique et entonne la chanson qui nous a si longtemps privés des vraies raisons de vivre à deux : SALAGADOU LA MENCHIKABOU LA BIBBIDI-BOBBIDI-BOU! Évidemment, cette chère fée qui a réglé toute l'histoire amoureuse de Cendrillon finit par dire : « La seule chose qui fait marcher ce truc-là, c'est BIBBIDI-BOBBIDI-BOU! »

À cause de Cendrillon, la planète entière croit qu'on doit subir la vie comme des esclaves, jusqu'au jour où un Prince Charmant nous trouve, nous fasse essayer un petit soulier de cristal et nous emmène en carrosse doré pour que nous puissions vivre heureux et avoir beaucoup d'enfants.

Je ne sais pas si vous avez déjà essayé, mais moi, j'ai chanté plusieurs fois la formule magique de la fée marraine, et aucun carrosse doré n'est apparu. J'ai encore des chicanes de couple et je n'ai toujours pas de souliers de cristal. Mais, allez… on essaie une autre fois. Peut-être que si vous chantez avec moi… Pour que vous ne vous tapiez pas ce livre-là pour rien, récitons une dernière fois la formule magique, au cas où. Allez-y, ouvrez les fenêtres – tant qu'à faire rire de nous en couple, on va faire rire de nous pour vrai –, et puis go : SALAGADOU LA MENCHIKABOU LA BIBBIDI-BOBBIDI-BOU!

Et alors? Rien. Rien du tout. C'est la faute à Cendrillon.

La vraie histoire, en fait, est tout à fait à l'opposé. La vraie histoire commence avec le Prince Charmant, avec lequel nous tombons en amour, sous l'effet du coup de foudre, et, tranquillement, nous perdons notre soulier de cristal, le carrosse redevient citrouille, puis nous devenons un esclave dans la maison avec comme seuls amis quotidiens… le balai et la machine à laver!

C'est ça, la vérité. Du Prince à la machine à laver! Parce que Cendrillon a vraiment besoin de faire le ménage. Le ménage dans sa vie. Pour elle. Pas pour les autres. Et sûrement pas pour le Prince Charmant.

Bon, j'aime bien le merveilleux monde de Disney, c'est juste que Cendrillon, franchement, je m'en passerais. C'est même son château à elle qui est le symbole par excellence de tous les parcs de Disney. Êtes-vous déjà entré dans un de ses châteaux ? Moi, oui. Et mes enfants n'ont jamais reçu une plus belle leçon. Vous savez ce qu'on trouve dans les châteaux de Cendrillon en Floride ? Des diamants ? Non. De somptueuses salles de bal ? Non plus. Des décors enchanteurs et un beau carrosse ? Même pas. Dans le château de Cendrillon, on trouve des boutiques et les toilettes. Oui, les toilettes !

Et vive le BIBBIDI-BOBBIDI-BOU. Tous à vos machines à laver !

Garbage in/garbage out

Dans l'univers scientifique, on apprend très vite l'expression *garbage in/garbage out*. Autrement dit : on devient ce qu'on mange. On ressemble aux pensées qu'on a. On devient ce à quoi on pense. Si on met des déchets dans une machine, on va en ressortir des déchets.

En informatique, l'expression *garbage in/garbage out,* ou GIGO, est aussi très populaire. Elle signifie que si on entre de mauvaises données dans un programme informatique, le programme ne donnera pas de bons résultats. Et ce n'est pas la faute de la machine. On lui a simplement fourni de fausses données.

Toutefois, il y a des exceptions à cette règle du GIGO. Il y a des machines qui transforment le sale en propre. La machine à laver en est l'exemple par excellence. **Et la vie de couple en est l'exemple suprême.**

Justement, une des croyances les plus fausses sur la vie de couple est que si elle commence avec deux individus qui ne s'aiment pas inconditionnelle-ment, nécessairement, ça va finir en chicane et en divorce. Quelle erreur !

Dans un couple, c'est *garbage in/love out.*

Quand on met du linge sale à l'intérieur d'une machine à laver, est-ce que le linge en sort plus sale ? Normalement, non. D'où vient donc cette croyance populaire selon laquelle il faut commencer avec deux individus « propres » pour réussir un couple ?

C'est l'inverse. Dans un couple, les choses se passent exactement comme dans une machine à laver : deux individus qui n'ont aucun lien, aucune « propreté », peuvent être mis ensemble dans la machine à laver du couple. C'est là que se fabrique la « sortie » du couple.

Le couple est un appareil de nettoyage. Le couple est une laveuse. On ne peut pas être en amour au début d'un couple. On est attiré, mais si on s'attend à ce que l'autre nous aime au commencement, on cherche la fantaisie de Cendrillon. Le linge ne peut pas être propre *avant* d'être mis dans la laveuse.

> ## L'amour, ce n'est pas la condition d'entrée d'un couple, c'est son point de sortie.

L'analogie entre un couple et une machine à laver ne s'arrête pas là. Parce que, du linge, ça se resalit sans arrêt. Les vêtements doivent régulièrement passer par la laveuse. Autrefois, il fallait même passer le linge dans le tordeur (ayoye). On doit utiliser régulièrement le couple pour se laver.

Imaginez combien de chicanes, de tristesses, de souffrances vous auriez évitées sans les lunettes de Cendrillon sur le nez. Imaginez si vous aviez plutôt vu le couple comme un moyen de vous nettoyer de vos croyances et de vos limites. Imaginez si vous aviez utilisé le couple pour trouver l'amour plutôt que de faire de l'amour une condition initiale.

L'erreur est de penser qu'il faut de l'amour pour amorcer un couple. Jamais dans 100 ans ! Ce qu'il faut, c'est de la saleté.

Pas de saleté, pas de raison de vivre à deux. Désolé de pulvériser vos fantasmes, mais franchement, il est temps de se dire les vraies affaires. Au fond, Disney n'était pas si fou que ça. Il a utilisé l'histoire de Cendrillon pour nous attirer dans son château et nous montrer que tout commence par les toilettes : **le nettoyage de nos poubelles intérieures.**

> **S'aimer est un faux but.**
> **L'objectif fondamental, c'est de se nettoyer.**

Et vlan !

Attendre l'amour de l'autre est une illusion. Double vlan !

Vous ne me croyez pas ? C'est votre affaire. Mon point de vue, c'est que les deux individus « malpropres » vont arriver à la sortie de la machine à laver « propres ». *Love out.*

D'ailleurs, les jeunes ont compris ça. Avez-vous remarqué qu'ils demandent : « Veux-tu sortir avec moi ? » Ils ont compris qu'il y a une sortie dans l'amour : *love out.* Là où ils se trompent, c'est que ce n'est pas à la fin d'un couple qu'on casse, mais au début.

L'infernale âme sœur

Je ne connais pas de concept plus ridicule ni plus destructif que celui de l'âme sœur. Je vous le dis sans détour, si vous voulez vraiment trouver une âme sœur, allez au couvent. Vous allez en trouver plein ; elles seront généreuses et de bonne compagnie.

Passer sa vie à chercher la personne parfaite qui nous complète à merveille est aussi fou que de passer sa vie avec un t-shirt sale en cherchant la laveuse idéale, la laveuse magique, la seule et unique au monde qui pourrait le nettoyer parfaitement.

Calculez donc le nombre d'heures que vous avez perdues à chercher l'âme sœur ou à critiquer le manque de complémentarité de la personne vivant ou ayant vécu avec vous.

S'il fallait que l'univers soit bâti autour d'un proton qui ne peut se marier qu'à un seul électron sur la planète, nous ne serions pas là. Il n'y a rien dans la nature qui enseigne le concept de l'âme sœur. C'est un concept désuet et destructif.

Que vous soyez scientifique, religieux ou athée, sachez qu'il n'y a rien, fondamentalement, qui dit qu'un proton ne peut aller qu'avec un seul électron. Ou que Dieu est partout. Ou nulle part.

Dans la vision religieuse populaire, Dieu est partout ; on pourrait donc vivre avec n'importe qui et ça ferait l'affaire. Sinon, on est faux à la base. Toutes les personnes qui ont fait ou cherché à faire un mariage religieux en pensant être avec l'âme sœur contredisent la culture religieuse dans laquelle elles se sont mariées et qui dit que Dieu est partout.

> **La seule vraie âme sœur que vous avez,
> c'est vous-même.**

Non seulement on ne plonge pas dans la vie de couple par amour, mais on n'y va pas non plus pour s'associer avec l'âme sœur ou un partenaire parfait et égal.

Outre l'hérésie du concept d'âme sœur, la prémisse la plus destructive des vies de couple est celle de la recherche de l'égalité. Du calme, Pierre, du calme !

Non mais j'en ai marre d'entendre toutes ces sornettes racontées par des personnes qui parlent d'un côté d'amour inconditionnel, et de l'autre d'égalité des partenaires. *Come on !* Parle-t-on d'égalité entre un proton et un électron, couple fondamental de ce qui nous constitue physiquement ? Bien sûr, égalité de « charge électrique », ou de désir, mais certes pas égalité complète ! Pas les mêmes taches, ni le même chemin, ni le même rôle, ni… le même poids ! L'erreur, dans un couple, est de croire que nous sommes des partenaires égaux.

> **Tomber en amour, c'est se cogner la tête
> sur le mur de l'égalité.**

Je t'aime… si tu signes au bas de la page

Ces jours-ci, tout le monde parle de vivre le « moment présent ». Tout le monde parle de l'amour inconditionnel. En anglais, quand on prend le mot inconditionnel, ça devient *unconditional. Un + conditional.* **Une** condition. L'inconditionnel est constitué d'une seule condition : **celle de n'avoir aucune condition.**

C'est ce qu'il faut pour qu'un couple marche. Facile à dire, pas facile à faire. Du moins, au début de la vie de couple.

Nous sommes tous d'accord pour dire que l'amour inconditionnel est requis dans la vie de couple. Mais la fausse prémisse, c'est de s'attendre à vivre l'amour inconditionnel dès les débuts d'un couple. Au début, l'amour est *conditionnel.*

Il est insensé de chercher à avoir un vêtement propre *avant* de le mettre dans la laveuse. Pensez-y deux secondes.

Comment voulez-vous avoir une chance, une toute petite chance d'être heureux dans un couple dans lequel vous cherchez *au départ* l'amour inconditionnel, le Prince Charmant, l'égalité et le BIBBIDI-BOBBIDI-BOU ? C'est aussi impossible que de courir vers l'est pour voir un coucher de soleil. Même si vous vous entraînez sans répit, avec un pareil état d'esprit, vous ne trouverez jamais ce que vous cherchez.

Je sais que je ne ménage pas votre petit cœur depuis le début de ce livre, mais je suis loin d'avoir fini. Prenez un grand « respire » : l'amour inconditionnel au début d'un couple n'existe pas.

Le mot « couple », en soi, implique une condition : celle du couple. Ce n'est pas une question de sémantique. C'est une question de réalisme (wow ! pour que moi je vous parle de réalisme, c'est que nous sommes vraiment rendus au fond du baril). C'est une question de toilettes dans le château de Cendrillon.

Quand on me demande de parler d'amour inconditionnel, je réponds que c'est un oxymoron : deux mots qui ne vont pas ensemble. Si c'était de l'amour, il n'y aurait pas le qualificatif « inconditionnel » ou « conditionnel » après.

L'amour ne supporte aucun qualificatif. Il n'en a pas besoin puisqu'il est entier et complet en lui-même.

Donc, mettre la condition de l'inconditionnel est une condition. Et ça, en soi, c'est une autre mauvaise prémisse. Et hop ! une autre robe de Cendrillon aux poubelles.

Les promesses des cons-joints

J'ai parlé dans *Demandez et vous recevrez* de l'univers des conjoints. Je disais qu'il ne faut pas s'attendre à avoir beaucoup de succès entre deux cons-joints qui font des promesses de cons qu'on appelle des compromis.

Qu'un couple ait pour base l'égalité, le partenariat, les négociations, que ce soit son but, c'est ridicule. Encore une fois :

**On ne va pas dans un couple pour trouver de l'amour
ni pour trouver un partenaire égal.**

Quand des cons-joints ont pour but de faire des compromis, ils visent le mauvais objectif. Parce qu'un compromis, ça fait partie de la maladie à guérir, ça fait partie de la saleté à enlever. C'est une de ces taches que la machine à laver du couple doit justement nettoyer. Je sais que je me répète, mais ces concepts destructifs sont tellement enracinés en vous sous les apparences de Blanche-Neige, de Belle, de Jasmine et, bien sûr, de Cendrillon qu'il faut beaucoup de persévérance pour les combattre.

La pensée erronée sous-jacente est de viser à ce que le couple opère avec deux partenaires égaux, comme le seraient les associés qui dirigent une entreprise. Les individus d'un couple ne sont pas des associés.

En avez-vous assez ? Suis-je trop dur avec vous ? Si c'est le cas, louez-vous un bon film de Walt Disney et demeurez célibataire.

Maintenant qu'on essaie de vous sortir du trou dans lequel vous êtes tombé à cause de Cendrillon, avec les poubelles GIGO, avec la recherche de l'âme sœur, la signature de contrat pis les promesses de cons, passons à la suite… si vous osez me suivre.

Sans plus tarder, je vous livre le plus grand secret de la réussite de la vie à travers le couple. Comme ça, vous n'aurez pas besoin de lire le reste du livre.

Cher lecteur, ♥ ♥ ♥

Depuis que vous tenez mon livre entre vos mains, je suis tombé en amour (aouch ! tab…de ca… *#*?∂##** !).

Je ne cesse de rêver à votre visage, espérant que vous m'apporterez un soulier de cristal pour me sortir de mon enfer.

Moi qui cherche, depuis toutes ces années, l'âme sœur, sans vous, je n'aurai d'autre option que de m'enfermer dans un couvent.

Je vous en prie, retournez-moi cette lettre d'amour inconditionnel avec votre signature au bas de la page, question d'être égaux dans notre future aventure de vie. 👄 ♥ 👄 👄 ♥

Je vous aime. ♥ ♥ ♥ *Je vous embrasse.* 👄 👄 👄 ♥

P.-S. : Si mon livre n'est pas déjà dans la machine à laver, vous avez peut-être une chance de réussir votre vie à travers le couple.

Après une telle déclaration, vous vous demandez encore pourquoi j'écris un livre sur le couple ? Non mais, vous êtes sérieux ! Ne trouvez-vous pas absolument absurde ce genre de lettre, avec ces mots enrobés de miel empoisonné et aux fantaisies périmées ? Ne croyez-vous pas qu'il est temps de se poser de nouvelles questions sur les vrais motifs et les vrais objectifs d'une vie de couple ?

Maintenant que vous avez envie de brûler ce livre, vous avez deux choix : brûler le livre ou brûler votre couple. Lequel choisissez-vous ?

Les vraies raisons d'être en couple

Passons aux choses sérieuses. Une des raisons d'être les plus fondamentales d'un couple est de **se nettoyer.**

L'analogie avec la machine à laver est une des plus intéressantes que j'aie trouvées pour expliquer la vie de couple.

La façon d'utiliser une machine à laver est simple. Il y a des boutons ; on pousse le bon bouton, on met le linge sale dans la laveuse, puis le détergent, on remplit d'eau, la mousse flotte, ça cogne, ça frotte, ça brasse, la chaleur monte, ça tord, c'est l'enfer, et puis ça se calme, on sort le linge et on fait sécher.

Est-ce que les vêtements devaient bien s'entendre avant ? Non. Ils ne se connaissaient même pas. Bon, bon. Pour les puristes et spécialistes du lavage, d'accord, on ne peut pas mettre n'importe quel type de vêtements avec n'importe quel autre. Sauf qu'admettez tout de même que les mélanges sont très, très variés.

Commencez-vous à voir un peu le ridicule du concept d'âme sœur, de partenaire incomparable pour chaque humain ?

Quand je suis allé en Inde, j'ai été surpris de voir que les couples, là-bas, étaient souvent choisis par les parents de l'homme et de la femme. Plus d'une fois, je me suis surpris à dire : « Mais comment ça se fait ? Au troisième millénaire, peut-on encore croire que des gens matures ne puissent pas choisir eux-mêmes leur partenaire de vie ? »

Moi qui au départ croyais dur comme fer au BIBBIDI-BOBBIDI-BOU de Cendrillon, qui croyais qu'on devait trouver l'âme sœur à tout prix, qu'on devait viser dès le départ la perfection matrimoniale, histoire de ne jamais s'engueuler, de vivre heureux et d'avoir beaucoup d'enfants, moi, j'osais trouver ces pauvres gens franchement attardés avec leurs mariages arrangés (d'autant plus qu'ils ont beaucoup de difficultés à ramasser leurs poubelles).

J'osais, en tant que fin connaisseur des couples, contester cette façon de faire archaïque selon laquelle un père choisit la future épouse de son fils (et doit même payer le père de celle-ci pour s'assurer son consentement). Contester le fait que ce sont les parents qui marient leurs enfants.

Évidemment, je me suis longtemps cru très intelligent et très supérieur à ces gens-là, jusqu'au jour où j'ai regardé les résultats.

Il y a peut-être quelque chose que nous n'avons pas compris. Comment deux personnes qui ne se sont jamais vues peuvent-elles rester si longtemps ensemble ? Elles ne sont sûrement pas en amour fou. Ah ! tiens. Elles ne sont pas tombées en amour en partant. Elles sont peut-être plus fortes et moins cassées. Hmmm. Voilà qui fait réfléchir.

Bien sûr, là-bas, les lois régissant le mariage et la séparation sont différentes. Mais j'ai constaté que, justement, ces restrictions à la rupture des couples font en sorte que ceux-ci passent plus de temps dans la machine à laver et peuvent atteindre le fameux stade de l'amour *après rinçage*.

Eux n'ont pas analysé l'autre avant de sauter dans la machine à laver ; ils n'ont pas fait d'études psychométriques, n'ont pas analysé les groupes sanguins pour savoir s'ils étaient compatibles ; ils n'ont rien fait de tout ça.

Ils se sont simplement abandonnés au choix de leurs parents. C'est peut-être la seule vraie valeur derrière tout ça : ils ont eu à accepter quelque chose qui leur était proposé et ils se sont adaptés. J'ai connu des dizaines de ces couples qui se sont liés d'amitié au fil des ans.

En fait, c'est en disant *amen* (« ainsi soit-il » ou, dit autrement, « advienne que pourra ») qu'ils finissent par trouver l'amitié. L'amour, appuyé sur l'*amen*, conduit à l'amitié.

Sans nécessairement croire que nous devrions tous laisser nos parents choisir nos époux, j'aime bien la leçon enseignée par leur séquence de priorités.

Amen -> Amour -> Amitié

Les enfants peuvent aussi nous donner de belles leçons de couple.

Je ne connais pas beaucoup d'enfants qui rentrent chez eux et qui disent des autres : « Wow, ils sont tous mes amoureux. » C'est sûr que rendu à 10, 11, 12 ans, on commence à parler d'amour, justement parce que tout le monde... pardon, tous les adultes parlent d'amour.

Mais les enfants, ceux qui ont la clé du royaume des cieux, selon les écrits, ils veulent être amis avec tout le monde. Ils parlent d'amitié, toujours. Ils ne parlent pas d'amour.

Est-ce que ça veut dire que amitié exclut amour ? Non.

Peut-être que l'amour le plus pur se traduit par l'amitié.

Mais je vous entends déjà réfléchir tout haut. « Pierre, tu ne vas tout de même pas nous imposer de vieilles règles religieuses du genre on-ne-doit-pas-coucher-ensemble-avant-le-mariage ou encore toute-relation-sexuelle-hors-mariage-est-inspirée-de-Satan ! » Pas du tout.

Ma seule et unique question, c'est : est-ce que les gens ont une belle vie comme individus à travers le mécanisme de couple qu'ils ont ? *That's it, that's all.*

Nous prenons beaucoup plus de temps à chercher la bonne machine à laver qu'à nous laver. Si nous sommes vraiment en couple pour nous nettoyer et améliorer notre vie à travers celui-ci, plus tôt on commence, mieux c'est.

Ne dit-on pas que l'amour est aveugle? Si l'amour est aveugle, prenez la première machine à laver sur le bord, ça va marcher pareil. J'exagère? OK, très bien, prenez la deuxième, d'abord.

Et vous, pourquoi tenez-vous tant à vivre en couple?

Est-ce vraiment pour entrer dans le château de Cendrillon, vivre heureux et avoir beaucoup d'enfants? Bien sûr, ces éléments peuvent être plaisants, mais ne cherchez-vous pas plutôt, par ce chemin, à découvrir qui vous êtes vraiment? Je parie que oui.

À partir de maintenant, je vous suggère de vous considérer comme un vêtement sale, un vêtement qui accumule des saletés sous forme de souffrances, de croyances, etc., depuis que vous êtes bébé, alors que vous portiez un vêtement parfaitement pur. (Non mais, ça sent-tu bon un bébé! Même sans bain!)

Je vous propose de voir et d'accepter que, pour se nettoyer, il y a un appareil formidable qui s'appelle «la vie de couple». Je vous invite à choisir comme raison d'être de la vie de couple l'équation *garbage in, love out*. On y entre sale, on en ressort purifié. On y entre avec des conditions, on en ressort avec l'amour de l'amitié.

Nous y sommes. C'est le moment de se poser les vraies questions, ou plutôt *la* vraie question: **quelles sont les vraies, les bonnes raisons de se coupler?**

Je vous propose une des plus belles lignes de *cruising* du troisième millénaire. Imaginez-vous dans un bar, en train de faire une nouvelle conquête. Au moment où vous êtes au point culminant de votre approche, lorsque vous sentez la fenêtre d'opportunité s'ouvrir devant vous, vous prenez votre courage à deux mains, éclaircissez votre voix et dites: «Veux-tu sortir les poubelles avec moi?»

Ça, c'est une phrase solide pour bâtir un vrai couple! Popa, de *La petite vie*, avait tout compris. Ce n'est pas «sortir avec toi» que je veux, c'est plutôt «sortir nos poubelles respectives ensemble».

C'est justement avec ça que je vais vous casser les oreilles pour le reste de ce livre :

- **La vie de couple n'est pas un objectif.**
- **La vie de couple est une machine pour nettoyer sa propre vie.**

Voyons maintenant quelles sont les réelles et véritables bonnes raisons de se coupler, de former un couple. Il y en a cinq, orchestrées en étapes : se nettoyer, se regarder dans le miroir, augmenter son énergie, trouver son rôle de vie et recommencer à jouer.

La première raison d'être en couple : se nettoyer

La première étape, je l'ai déjà mentionné, est de se nettoyer. Et le nettoyage peut prendre plusieurs formes : le brossage, le rinçage, le frottage, le lavage, le vidage, le cirage et tous les autres *-age*.

De plus, quand on accepte le concept que, dans un couple, c'est la saleté qui entre et l'amour qui ressort, on rejette d'emblée le mot « indépendance ».

Une machine à laver et des vêtements sales, ce n'est pas indépendant. C'est inutile d'avoir une machine à laver si on n'y met pas son linge sale. Chercher à être indépendant dans un couple est aussi aberrant qu'acheter une machine à laver sans jamais y placer son linge sale.

Il y a un lien de dépendance à la seconde même où vous acceptez que le couple est comme une machine à laver. Ce n'est pas un défaut, c'est essentiel. Il y a une dépendance entre vous, votre machine à laver et votre joint. (Ah ! Je ne vous l'avais pas dit. Pour être à la mode, on n'utilise plus le mot « conjoint ». Un joint ou une jointe, c'est bien plus inspirant !)

Vous allez être dépendant physiquement. Vous allez être dépendant mentalement, économiquement. Vous allez être dépendant socialement, amicalement. Préparez-vous à la dépendance extrême. Comme toujours, les plus grandes vérités ont saveur de paradoxe, tout comme les *koan zen*.

> Ce n'est que par la dépendance que vous allez trouver l'état d'amitié indépendante. C'est par l'interdépendance causée par le besoin de nettoyage. La dépendance totale aboutit à l'amitié indépendante.

Vouloir maintenir son indépendance en couple revient à vouloir conserver une distance. Mais si on se tient à l'écart, on ne se nettoiera pas.

La deuxième raison d'être en couple : se regarder dans le miroir

C'est utile, quand on veut améliorer quelque chose, d'avoir du feed-back. Un peu comme dans un avion où le pilote automatique renvoie le signal et s'ajuste à mesure ; pour le couple, c'est l'effet miroir. Le même miroir que dans l'histoire de Blanche-Neige : « Miroir, ô miroir, dis-moi qui est la plus belle. » Et quand il est franc, le miroir répond : « Ce n'est pas toi. Toi, tu es encore à l'étape de la sorcière. On verra plus tard. »

Nous avons besoin d'un miroir, et seulement une personne proche de nous a le cran de nous donner un reflet juste. Avez-vous déjà essayé, sans miroir, de vous maquiller ou d'ajuster une cravate ? Pas facile, hein ? C'est plus facile de se faire une beauté quand on se voit comme il faut.

> La deuxième raison d'être en couple,
> après le nettoyage, c'est d'avoir un reflet de soi-même.

C'est d'ailleurs pour ça qu'avec l'autre, on se regarde les yeux dans les yeux : ce n'est pas pour voir l'autre, mais plutôt pour voir notre reflet dans les yeux de l'autre. Nous cherchons tous de beaux yeux chez l'autre : ils forment un meilleur miroir.

C'est pas drôle, n'est-ce pas ? Je suis en train de tout saccager, dans votre château de rêve. Ne vous en faites pas. Voyons, c'est pas grave. On va vous en bâtir un autre château, tout juste à côté de celui de Cendrillon. Et dans le vôtre, il y aura plus que des toilettes.

La troisième raison d'être en couple : augmenter son énergie

Tout le monde est fatigué. *Vous* êtes toujours fatigué. Et ce, peu importe la quantité de produits naturels que vous ingurgitez et peu importent les heures que vous passez au lit ou sur votre tapis roulant.

Même si vous avez acheté tous les merveilleux appareils pour les abdominaux et avez essayé les régimes et les antioxydants, même si vous vous lavez avec un gant de crin et du savon bio sans additif chimique et n'utilisez plus le micro-ondes depuis quelques années, même si vous mettez un écran devant votre ordinateur et ne parlez plus au cellulaire pour ne pas avoir de cancer au cerveau, même si vous passez quatre heures par semaine au gym, prenez des bains de bouette, avez coupé le sel et ne mangez plus de beurre mais seulement de la margarine, malgré tout, vous êtes encore fatigué !

C'est quoi le problème ? Le problème, c'est que l'énergie ne vient pas de ces pratiques, elle vient fondamentalement de deux sources : du bas... et du haut.

Je m'explique. Vous avez en vous plusieurs kilomètres de fils électriques dont la concentration la plus importante est dans la colonne vertébrale. C'est un peu ésotérique, mais je continue quand même. Notre colonne vertébrale se branche à la terre par son pôle du bas, au niveau du coccyx (appelez ça le chakra du bas si ça vous plaît, ou *mulhadara,* qui signifie « racine »). Ce pôle se nourrit des vibrations de notre Mère la terre, de la nourriture que nous mangeons, de l'air que nous respirons, etc.

Le pôle supérieur, situé au sommet de notre tête, se nourrit d'inspiration et d'énergie spirituelle. Très difficile à décrire, celle-là. Par contre, pas très difficile à goûter par des pratiques de méditation et de respiration active (*pranayama*). Un couple a la formidable propriété de servir de superbe pile pour accumuler ces deux énergies **simultanément.**

Si vous êtes toujours fatigué, c'est probablement que vous n'avez pas suffi-samment stocké d'énergie ou que vous manquez de capacité de stockage. Le couple est une pile fantastique. En couple, nous sommes le *Energise her and Energise him.* (La pognes-tu ?)

Une machine à laver qu'on ne branche pas dans le mur ne marchera pas. La machine à laver du couple vient avec sa propre pile.

L'énergie provient de l'activité même d'être en couple.
Symbole : E_{couple}

Vous rappelez-vous la première fois que vous êtes tombé en amour ? Vous ne pouviez plus manger ni dormir, vous ne pensiez qu'à l'autre, vous aviez une telle joie de vivre, vous flottiez deux pieds au-dessus du plancher. Mais d'où vous venait donc cette miraculeuse énergie ? Aviez-vous changé votre alimen-tation ? Aviez-vous coupé la viande rouge ? Le gras ? Mangiez-vous seulement des noix et des mangues ? D'où vous venait cette énergie ? Mystère.

Vous aviez tout simplement « donné du couple » à votre vie.

La quatrième raison d'être en couple : trouver son rôle de vie

Dans mes livres précédents, j'ai expliqué l'importance de trouver son rôle de vie. J'ai décrit en long et en large cette certitude que j'ai : les gens qui jouent le rôle pour lequel ils ont choisi de prendre corps ou de venir sur terre obtiennent tout le reste. Ils ne sont pas malades, n'ont pas de problèmes sociaux, font plus d'argent, etc.

Une des questions qu'on me pose le plus souvent est : « Mais comment je fais pour trouver ce rôle-là ? » Une des réponses à cette question, c'est de vivre dans un environnement qui permet de se la poser, la fameuse question du rôle de vie, sans crainte et sans sous-entendu.

Demandez-vous en toute franchise : « Quel est mon rôle de vie ? » Vous devez créer un environnement où vous aurez le temps et la liberté de chercher et de donner un sens à votre vie. Une fois cette étape franchie, vous pourrez utiliser ce rôle de vie pour mettre à profit votre créativité.

La cinquième et dernière raison de vivre en couple : recommencer à jouer

Bien sûr, il faut se nettoyer, prendre du recul et mesurer son progrès grâce à son reflet, utiliser sa pile E_{couple} et trouver son rôle de vie pour créer. Mais à quoi bon tout cela si jamais on ne retrouve le *goût* de la vie en riant et en jouant comme des enfants, sans concepts mentaux et sans retenue ? Pourquoi chercher l'effet curatif du couple si la chasse n'aboutit pas au trésor du paradis *sur* terre ?

J'insiste, je le dis régulièrement sans être un fanatique des religions (j'adore les écrits mais non les mouvements), les écrits disent : « Laissez venir à moi les petits enfants, car le royaume des cieux est à eux et à tous ceux qui sont comme eux. »

Quelle est la meilleure façon au monde de redevenir un enfant ? C'est de jouer dans un environnement sécuritaire où on peut perdre totalement les pédales, ses repères et son jugement. Et pour ça, il n'y a pas de meilleur endroit qu'une chambre des joueurs, au hockey, ou un couple. D'ailleurs, dans la chambre des joueurs, la seule chose dont on parle, c'est de cul !

Redevenir des enfants, c'est ce que j'appelle le *boredom CPR*, la réanimation cardiorespiratoire contre l'ennui.

Redevenir un enfant, c'est perdre son ennui.

Voilà. J'ai terminé. Vous avez le fruit de toutes mes recherches sur le couple et les raisons de le vivre. Je viens d'énumérer les cinq buts, les cinq objectifs de la vie de couple, les cinq bonnes raisons pour vivre en couple : nettoyage, miroir, énergie, rôle, jeu. Un couple par amour ou par égalité ? Oubliez ça, ça presse.

Mais je vous entends déjà, les purs et durs de Cendrillon, me dire : « Mais de quoi je me mêle ? Prouve-nous donc ça ! » Ne vous inquiétez pas, j'ai bien l'intention de vous prouver ça, mais par une forme de preuve particulière. Je vous retourne d'abord la question : « Prouvez-moi que vous aimez vos enfants. Prouvez-moi que le miel goûte bon. »

Alors, qu'allez-vous faire pour me prouver que vous aimez vos enfants ? Vous allez me dire : « Je me lève le matin, je fais leur lunch, je change leur couche, je les reconduis à l'école, je les torche, je les habille, je les lave, je les nourris, je les garde, je les secoue, je les débarbouille, je les bichonne, je les pomponne, je les frotte, je les savonne, je les embrasse, je les taquine, je les encourage… »

À un moment donné, je vais dire : « OK. Vous m'avez donné assez d'exemples pour que je commence à sentir que vous vivez quelque chose. »

Si on parlait du miel, vous me diriez : « C'est rond en bouche, ça glisse sur la langue, c'est doux, les papilles me chauffent, j'ai des frissons sous les oreilles, mes dents deviennent lisses… » Vous allez poursuivre vos exemples comme ça, jusqu'à ce que je dise : « D'accord, j'accepte votre point de vue. »

Vous me feriez une preuve par énumération. C'est aussi ce que je peux vous offrir. Voyez-vous, il n'y a pas de preuve absolue quand on parle de l'amour ou des sens. Je ne vous ferai pas une preuve absolue.

Si vous vouliez me démontrer le phénomène de la gravité, vous pourriez prendre un crayon et le laisser tomber ; je constaterais de façon absolue que ça tombe. Mais la preuve que vous me donnez sur le miel ou sur l'amour que vous portez à vos enfants est une preuve par induction, une preuve par analogie. Ça implique qu'à force d'exemples je vais probablement comprendre ce que vous me dites. C'est ce que je vais faire pour vous. Je vais commencer mes exemples et mon énumération. Je vais vous donner des exemples, des pistes, des expériences, et vous verrez si vous choisissez la machine à laver ou le château de Cendrillon.

Pour ma part, ça fait 23 ans que je suis avec ma jointe, Jessy, nous sommes mariés depuis 15 ans et nous avons quatre merveilleux enfants. Nous avons testé Cendrillon (et même visité en chair et en os trois de ses châteaux). Mais nous avons progressivement découvert l'amour et entrevu l'amitié seulement depuis que nous avons sauté dans notre machine à laver et passé sans réserve au cycle de rinçage.

Question de finir comme nous avons commencé, je réitère le fil conducteur de ce livre : votre joint et vous ne réussirez jamais votre vie de couple parce que le jour où vous croirez l'avoir réussie, **vous ne serez plus un couple, vous serez devenus de vrais amis.**

2

Le couple : un sentier pour extrémistes équilibrés

Lorsque j'amorce une recherche sur un sujet, je débute par mes bons vieux bouquins de physique (j'aime particulièrement le trio classique de Halliday-Resnick) pour voir ce que les scientifiques ont à dire là-dessus.

Tiens, tiens, en matière de *couple,* ce ne sont pas les définitions (ni les applications) qui manquent.

La signification du mot « couple » en physique

Croyez-le ou non, la science définit un couple comme étant le moment d'une force. C'est-tu assez beau ! **Le moment d'une force.** Alors même que la population entière s'éveille à l'écoute du moment présent, les physiciens ont depuis longtemps établi qu'un couple *est* un moment. Avouez que vous êtes impressionné. Allez, avouez ! Après ça, on dira que la science n'est pas poétique.

> Selon la science de la physique, le couple est un ensemble de deux forces parallèles de sens contraire et de même intensité. Le couple se caractérise par son **moment.**

On pourrait faire un livre juste là-dessus. C'est-tu beau, la physique! Répétons en chœur : «Ensemble de deux forces parallèles». OK, je sais que la polygamie est à la mode, mais c'est écrit «*deux* forces parallèles». Et des parallèles, ça ne se touche pas. Rappelons-nous la bonne vieille phrase de Saint-Exupéry : «Aimer, ce n'est pas se regarder l'un l'autre, mais c'est regarder ensemble dans la même direction.»

Reprenons chaque élément de la définition scientifique du mot «couple» et voyons les leçons que nous pouvons en tirer.

Deux parallèles. Donc, pour avoir un couple, il faut deux forces ou deux présences côte à côte, qui maintiennent une certaine distance entre elles, un peu comme les rails d'un chemin de fer.

De sens contraire. Donc, nécessairement, un couple, ce sont deux individus qui ne pensent pas pareil. Ça pousse dans des directions parallèles mais opposées. C'est parfait : fini les tentatives d'être d'accord et de pousser dans la même direction.

De même intensité. La définition comporte aussi le concept d'*intensité égale*. On imagine donc que pour qu'un couple fonctionne, il faut que *les deux* poussent. Non seulement en parallèle, mais aussi avec une force équivalente. Si l'un des deux pousse plus fort, ils ne seront plus parallèles. C'est la mort du couple.

Caractérisées par un moment. En physique, le mot «moment» signifie «une force multipliée par la distance au pivot». En d'autres mots, une force utilisant un levier.

Donc, pour avoir un grand moment, il faut pousser fort avec un long levier. On n'est pas encore rendu à parler de sexe, là, ce n'est pas ça du tout! On est en train de parler de *couple* et de *moment*. Du calme. Le sexe, c'est pour tantôt.

Un couple, c'est donc ce qui crée un mouvement de rotation. Ça commence à ressembler à notre machine à laver, vous ne trouvez pas? Pour vous permettre de comprendre comment ça tourne, faites une expérience : trouvez-vous un objet plus long que large, un bâton de popsicle par exemple, ou une fourchette, un couteau, une cuillère, et déposez-le sur une table, horizontalement. Mettez un index à chaque bout, en parallèle mais en pointant dans des directions opposées (un doigt pointe vers vous, l'autre devant vous). Si vous appuyez simultanément la même force avec chaque index, dans des directions opposées, automatiquement la fourchette va se mettre en rotation.

$$F_1 \rightarrow \ = \ F_2 \leftarrow$$

En fin de compte, il faut pousser à chaque instant. Un couple qui fonctionne est un couple où les deux individus poussent le plus fort possible sur l'autre avec le plus grand levier possible.

Dans un couple moderne, on appelle ça du chantage. Les points faibles de l'autre sont vos appuis, et vos poussées sont le chantage. Vous avez bien compris : le chantage est essentiel au couple. Allez, prenez une gorgée d'alcool pour avaler ça.

Plus vous poussez fort sur les points faibles de l'autre, plus votre couple va se mettre à fonctionner.

L'effet de levier, c'est souffrant

On dit, en physique, que plus le levier est long, moins on a besoin de pousser fort. Donc, plus vous trouvez vite les points faibles de l'autre et que vous appliquez une pression dessus, moins il faudra pousser fort pour que le couple fasse sa *job*. C'est peut-être cruel, mais ça veut dire qu'il va falloir mettre le doigt directement dans les plaies de l'autre.

C'est très cru, mais c'est ce qui est la raison d'être d'un couple. Autant dans la définition scientifique que dans la vie amoureuse. Selon la Loi des analogies (une des sept lois universelles présentées dans *Demandez et vous recevrez*), si ça s'applique à la physique, ça s'applique à votre monde aussi.

> **Si vous ne parvenez pas au point où vous éprouvez l'autre, le couple est inexistant.**

Ce phénomène est très évident chez les jeunes ou les nouveaux couples. Quand ils ne parviennent même plus à se disputer, qu'ils vivent ensemble ou non, il n'y a plus de couple. Très vite, ces personnes recherchent la compagnie d'autres personnes, qui les éprouveront. Inconsciemment, nous cherchons tous à nous nettoyer par le couple. Au sens figuré, nous cherchons tous le fouet ! Tant qu'il y a de la place pour la dispute, il y a de l'espoir.

Un moteur qui a du couple

Examinons maintenant la définition scientifique de « couple » utilisée dans le monde de la mécanique des moteurs. Qu'est-ce que c'est, un moteur qui a du couple ? Les amateurs de voitures savent bien que c'est un moteur qui a du *torque*, qui tourne bien et qui dégage une certaine chaleur.

> **Le rôle du couple du moteur : donner de l'élan et produire de la chaleur.**

Et la chaleur, ça sert à quoi ? Avez-vous un incinérateur dans votre quartier ? On chauffe pour brûler les déchets. Là, on commence à se rapprocher de la véritable raison d'être d'un couple.

La véritable raison d'être d'un couple : non seulement ça nous donne de l'élan pour vivre, de l'énergie, mais aussi ça nous permet de brûler nos ordures.

Alors ce soir, allons-y. On pousse sur l'autre, on pousse comme il faut exactement où ça fait mal, avec le plus long levier possible, et ça tourne ! Et on revient à l'idée de laveuse.

Le couple n'est pas une fin en soi, mais une façon d'obtenir une vitesse de croisière pour sa propre vie.

Je ne vous demande pas d'acheter ça tout d'un coup. Mais je vous demande de tester l'hypothèse selon laquelle le couple n'est pas une fin en soi. Vous n'achetez pas une voiture parce que vous êtes intéressé par la rotation du moteur. Bien sûr, c'est nécessaire, mais vous l'achetez pour aller quelque part.

Une question : avez-vous déjà vu un moteur entrer en rotation ? Ça chauffe en tabarnouche ! Alors attendez-vous à ce que votre couple chauffe aussi. Et on appelle tout de même ce genre de moteur un « moteur à explosion » ! Souvenez-vous du vrrrrrrrr du démarrage. Vous ne trouvez pas que ça commence à ressembler à votre vie de couple, ça ? Des frustrations qui explosent de partout quand ça chauffe entre vous deux ? C'est très bien, ça. Il faut que ça explose. Si ça n'explose pas, vous n'avancerez pas. Vous allez vite jeter le moteur.

Plus ça tourne, plus ça chauffe. C'est seulement quand un moteur est bien chaud qu'on ne tombe pas en panne et qu'on peut atteindre une grande vitesse. Et qu'éventuellement on aura du turbo. Parce que vous savez que quand un moteur tourne à 3 000 à 4 000 tours/minute, on devrait frapper l'effet turbo. Un petit indice : ça s'appelle le mariage. On va y revenir.

**La vie de couple est un turbo
pour votre vie personnelle.**

Mais ce n'est pas tout.

Un couple, c'est fait pour se chicaner.

Écrivez ça en gros, mettez ça sur le mur de votre chambre (moi, je vous suggère de l'écrire vraiment avec le rouge à lèvres de votre blonde dans le miroir, et madame, pourquoi ne pas utiliser le désodorisant de votre chum ?).

Si vous voulez savoir si un couple a de bonnes chances de fonctionner, vérifiez l'indice d'engueulade. Si un couple ne s'engueule pas, si vous n'entendez pas de temps en temps des assiettes qui revolent sur les murs, ne pariez pas très fort sur cette voiture.

À la maison, quand nous nous engueulons, ça chauffe ! Et quand ça chauffe et que nous n'en faisons pas une guerre, nous faisons des découvertes spectaculaires. Oui, oui, je sais, il est quand même possible de mettre un silencieux. Mais c'est comme pour une Harley-Davidson : parfois, le vacarme, c'est tripant.

Can't live together – can't live apart

Can't live together – can't live apart est une expression très utilisée, qu'on retrouve dans beaucoup de chansons. Incapables de vivre ensemble mais incapables de vivre séparément. Bizarre qu'on ne soit pas capable de tolérer quelqu'un et que, dès qu'on est à des kilomètres de distance, on l'appelle parce qu'on s'ennuie. Et dès qu'on se rapproche, dès qu'on est à côté, on dit : « Ah, qu'il m'énerve ! »

C'est comme lorsqu'on rêve d'acheter une télévision de six pieds, tellement grosse qu'il faut abattre le mur de la cuisine pour pouvoir reculer assez loin et être capable de voir l'image. Tant qu'on en rêve, ça va bien, mais quand on l'a achetée, on la regarde et, après une heure, on se dit : « Bof ! »

D'où vient cette espèce de phénomène de Slinky ?

Tournons-nous vers le monde de la science de l'infiniment petit pour trouver des explications.

Le plus vieux couple du monde, l'atome d'hydrogène

Pour comprendre ce paradoxe de *Can't live together – can't live apart*, regardons le couple le plus vieux de toute l'histoire du monde, le plus répandu et aussi le plus durable, le seul couple qui ait vraiment trouvé la recette d'une vie commune durable : l'atome d'hydrogène, ce couple de un proton et un électron.

D'abord, un peu de respect, je vous prie. Ce couple occupe de 75 % à 99 % de toute la matière de l'univers. (Selon diverses théories, 75 %, selon d'autres, 99 %. D'une manière ou d'une autre, le respect est de mise.)

On dit que l'univers s'est créé il y a 14 milliards d'années et que ce couple, recréé exponentiellement, constitue au minimum 75 % de tout l'univers. Peut-être que ce couple a un tantinet plus d'expérience que nous ? Regardons ce qu'il peut nous apprendre.

L'atome d'hydrogène est, en physique, le couple parfait. On le retrouve entre autres dans les molécules d'eau. Vous avez déjà entendu parler du H_2O ? Deux atomes d'hydrogène plus un atome d'oxygène forment ce que nous buvons et appelons de l'eau.

Prenons donc en exemple ces deux héros de base que sont le proton et l'électron. Vous avez probablement déjà entendu dire qu'un proton a une charge positive et un électron une charge négative ?

Le proton et l'électron ont aussi ce qu'on appelle **des spins opposés.** Ils n'ont pas du tout la même masse (un proton est environ 2 000 fois plus lourd qu'un électron, et il est aussi plus gros). Mais ils ont la même quantité d'énergie électromagnétique. La charge positive du proton et la charge négative de l'électron sont égales.

Ce qui veut dire que la masse n'a aucune espèce d'importance dans la charge électromagnétique.

Appliqué à votre couple, cela veut dire que votre partenaire et vous n'avez pas à être de la même taille, de la même race, de la même éducation, de la même rien. Vous n'avez besoin que de la même *charge électromagnétique.* Du même désir d'attraction l'un pour l'autre. C'est la seule, je dis bien la *seule* notion d'égalité requise : le même désir de s'unir pour un but plus grand que chacun.

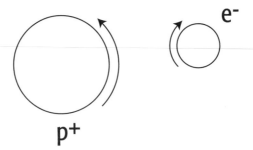

Le proton et l'électron : la charge de p^+ = la charge de e^-

L'attraction électromagnétique

Quand le proton et l'électron sont à une certaine distance, il y a une force d'attraction. Si vous avez déjà frotté une balloune sur votre tête pour la coller sur le mur, vous avez créé une charge, dans ce cas-là *statique*, qui permet de la coller. Donc, quelque part, il y a des charges positives et des charges négatives qui s'attirent.

Ça vaut la peine de faire des petites expériences avec ça. Allez vous acheter des aimants, de la limaille de fer ou, si vous avez des aimants sur votre frigo, amusez-vous ! Si vous mettez deux aimants l'un face à l'autre, parfois vous n'êtes pas capable de les coller parce qu'ils ont la même charge, et parfois ils se collent tout de suite parce qu'ils ont une charge opposée. C'est ce qu'on appelle l'énergie d'*attraction électromagnétique*.

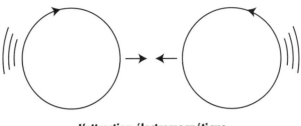

L'attraction électromagnétique

Ça se passe aussi entre des humains qui ne se connaissent pas et qui se trouvent en présence l'un de l'autre. Ils ont, au début, à une certaine distance, une attraction, que plusieurs qualifient de sexuelle et d'autres d'électromagnétique. Pour moi, c'est la même chose. J'ai toujours prétendu que les électrons et les protons font l'amour! Alors ils s'attirent.

La répulsion nucléaire

Mais deux particules qui se rapprochent trop sont repoussées par la force nucléaire (relative au noyau de l'atome).

Faisons l'analogie avec les humains. En surface, nous avons une attraction électromagnétique, cette force qui nous attire l'un vers l'autre quand nous sommes loin. Mais quand nous sommes trop proches, nous ne pouvons pas nous tolérer. Nous nous repoussons parce que nous sentons notre bulle (notre centre), envahie par l'autre.

Cessez de vous sentir coupable de cette réaction: **c'est dans votre code génétique.** Vous êtes constitué de toutes pièces par des couples qui, lorsqu'ils sont trop près l'un de l'autre, ne peuvent plus eux non plus se tolérer. Ils se repoussent à l'aide d'une force nucléaire, la force du noyau lui-même, donc la force qui est en nous et qui dit: «T'es trop proche, décolle-toi un peu!»

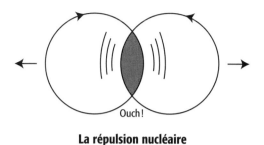

La répulsion nucléaire

Entre les deux forces que sont l'attraction électromagnétique et la répulsion nucléaire, il existe un point où ces deux particules infiniment petites, proton et électron, sont capables de coexister à côté l'une de l'autre pour constituer le couple de l'atome. C'est la distance à laquelle le spin opposé des deux particules est en équilibre avec leur nécessité de se compléter.

Ça nous ressemble puisque nous sommes tous faits de ces couples de protons et d'électrons. Il n'est toutefois pas simple de trouver la distance qui favorise l'équilibre entre l'attirance sexuelle et la répulsion de la bulle. Alors cessez de vous ronger le cerveau et le cœur avec ça. Dites-vous simplement que ce phénomène explique pourquoi on fait ses valises, on défait ses valises. Ce n'est la faute de personne, ce n'est ni sa faute à lui ni sa faute à elle : c'est fait comme ça dans les atomes.

La fusion froide

La nature nous enseigne aussi qu'essayer de tout fusionner dans le couple déclenche immanquablement le chaos. Depuis de nombreuses années, les gens font des recherches sur les problèmes de fusion. (Même les villes n'y arrivent pas. Quand elles se fusionnent, elles défusionnent un peu plus tard.)

Les scientifiques, et peut-être le public aussi, se rappellent le débat, le scandale, le tollé récent autour de la fusion froide (la tentative de fusionner deux particules à la température de la pièce pour produire d'immenses quantités d'énergie). Jusqu'à présent, personne n'a été capable de reproduire cette réaction, encore moins de la produire à volonté.

C'est la même chose pour un couple. Pourquoi chercher à fusionner deux personnes qui viennent juste de se connaître alors que c'est une relation froide (puisqu'elles viennent tout juste de se rencontrer) ? Dès les premiers mois, elles essaient de mettre tout en commun : le compte conjoint, la voiture conjointe, l'épicerie conjointe. On vit ensemble, on dort dans le même lit, on se lave dans la même pièce. On partage les mêmes amis, les mêmes sorties, les mêmes films, les mêmes livres, les mêmes tout… Voyons donc, ça marchera pas !

Attendez que ça chauffe un peu, au moins.

Autrement dit, si on comprend bien les enseignements du plus vieux couple de l'univers, grand-papa électron et grand-maman proton, il y a une distance idéale à respecter.

> **Chaque fois qu'un couple veut fusionner,
> tout pète, tout éclate.**

Tout ce qui s'appelle fusion doit être approché tout doucement. Allez visiter une centrale nucléaire, pour voir. On y fait de l'énergie par fission, c'est-à-dire en divisant les noyaux en deux. Jusqu'à présent, pour les humains, la seule façon de créer de l'énergie, en chimie, est de diviser, de séparer. Et Dieu sait qu'on en fait, de l'énergie, avec les séparations. Ça crée des explosions partout.

Les plus grands scientifiques (OK, OK, les avocats aussi) ont donc résolu les problèmes de divorce pour faire de l'énergie. Mais tous deviennent très prudents quand il est question de tout remettre ensemble. Ramener ensemble les parties de noyaux est beaucoup plus difficile. Les familles reconstituées, ce n'est pas évident.

Fusionner un couple est une entreprise que même les plus grands cerveaux de la science ne maîtrisent pas encore très bien. Alors du calme !

Le symbole de l'infini : un signe qui explique tout

Maintenant que grâce à la physique nous avons compris ce qu'est le couple modèle, avec ses limites et son point d'équilibre, maintenant que nous avons bien étudié le modèle héroïque, le modèle parfait qu'est notre atome d'hydrogène, que faisons-nous avec ?

Trouver le bon type d'équilibre en couple

Oh, je sens que ça va faire mal : je m'apprête à ouvrir une plaie béante, une mégaboîte de Pandore. *Too bad*, y faut c'qui faut !

Je m'apprête à me porter à la rescousse de Freud et d'Œdipe, au risque d'être lapidé en public.

Voici le grand arcane de la vie à deux. Le Mahamudra des joints, des couples et du mariage. La clé mystérieuse du type d'équilibre à rechercher. Le grand secret sacré sur la façon d'utiliser un couple au maximum pour réussir sa vie :

Voilà ! Mon explication est terminée. Voici le symbole qui explique tout.

Ben quoi ! Ça ne vous paraît pas évident ? Ça ne vous saute pas aux yeux ? Je viens de vous livrer le secret suprême pour utiliser le couple dans toute sa splendeur, pour développer votre vie à la vitesse turbo, pour être heureux, et c'est tout ce que ça vous fait ? Bon, bon. Il va encore me falloir tout compliquer. Sacré cerveau d'adulte, va.

Voici un début d'explication : ce symbole est celui de l'infini. Je vais maintenant l'utiliser pour décrire la dynamique idéale d'un couple.

C'est sûr que quand on pense à l'hydrogène, créé il y a 14 milliards d'années, ça donne une idée de l'infini. Mais c'est quoi, au juste ? Pourquoi ce symbole ?

Un symbole est un outil pour faire impression sur l'esprit, pour l'aider à se souvenir de quelque chose. C'est un excellent aide-mémoire. Il aidera votre subconscient à vous remémorer quelque chose que vous avez depuis longtemps enfoui en vous par convention sociale, par peur et par surutilisation de votre cerveau.

Si vous êtes prêt à ce que je vous dise les vraies affaires, continuez votre lecture. Sinon, contentez-vous de ce que vous avez lu jusqu'ici. Ce n'est pas trop menaçant. Parce que ce qui s'en vient, ce n'est plus du tout du niveau de Cendrillon. C'est du niveau des tripes.

Vous êtes vraiment prêt à perdre vos croyances et vos murs de protection ? Vous êtes décidé à oublier l'égalité dans le couple et l'amour comme préalable ? Parfait, nous allons voir…

Madame, est-ce que, lorsque vous amorcez une relation de couple, vous ne cherchez pas une extension de votre père ? une bonne épaule solide, pour vous donner un peu de sécurité ?

Vous, monsieur, honnêtement, n'est-ce pas que la jupe de votre mère était vraiment paradisiaque ? On s'ennuie de ça, non ?

Votre courage et votre transparence s'effondrent déjà ? J'ai presque envie de verser une p'tite larme.

Le seul vrai équilibre possible dans une relation de couple, c'est l'équilibre non pas de deux personnes, mais de deux relations : la relation Mère-Fils et la relation Père-Fille. Ça, c'est de la vraie égalité !

L'équilibre entre les relations Mère-Fils et Père-Fille n'en est pas un de deux personnes. *C'en est un de deux formes de relations qui doivent alterner.*

C'est exactement comme ces balançoires à bascule qu'on trouve dans les parcs. Quand deux enfants jouent ensemble sur l'une d'elles, chacun est assis à son bout et, alternativement, chacun pousse pour monter pendant que l'autre descend de l'autre côté.

La définition habituelle d'un couple, c'est qu'il faut avoir deux personnes égales, qui négocient l'une avec l'autre, pour que chacune obtienne la même part du gâteau dans la relation.

C'est comme si on demandait aux deux enfants sur la balançoire à bascule de rester là sans bouger. Évidemment, ça ne marche pas. Un, parce que ce serait plate à mourir, et deux, parce qu'ils ne sont jamais exactement du même poids. Alors forcément, il y en a un des deux qui doit agir pour faire monter l'autre. Celui qui est en haut est en situation d'abandon. Celui qui a les pieds à terre contrôle et protège. Pour qu'ils s'amusent, ils doivent volontairement alterner.

Voyons maintenant le lien avec le symbole du 8 couché, le signe de l'infini.

Avant de le mettre aux poubelles, donnez-vous une chance de le décortiquer un peu pour comprendre son fonctionnement. Si ça ne vous plaît pas, votre bon vieux club vidéo vous propose la belle histoire de… Cendrillon.

La place des joueurs dans l'∞

Première étape : **prenez le symbole de l'infini et coupez-le en deux, à la verticale.** Placez du côté gauche le masculin, représenté par le petit cercle avec la flèche en haut, et du côté droit le féminin, représenté par le petit cercle avec la croix dessous. (Notez que cette analyse et ce livre s'appliquent très bien aux couples gais puisque je parle ici de fréquences masculines et féminines beaucoup plus que d'hommes et de femmes.)

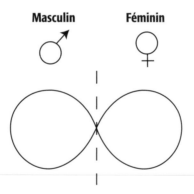

Les 2 moitiés du symbole

Deuxième étape : **faites un trait horizontal.** Ce trait va séparer la moitié Parent, en haut, et la moitié Enfant, en bas. Le symbole comporte maintenant quatre sections, appelées quadrants (voir page suivante).

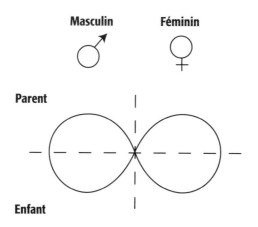

Les 4 quadrants du symbole

Nommons chacun des quatre quadrants. En haut à gauche, c'est la section Père[1]. En haut à droite, c'est la section Mère. En dessous, la section Fille est à droite et la section Fils est à gauche.

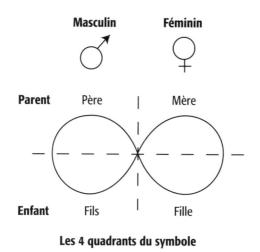

Les 4 quadrants du symbole

---

[1] Les mots *Père, Mère, Parent, Enfant, Fils, Fille* avec une majuscule initiale réfèrent aux personnages du cycle et non aux personnes biologiques. Quand il sera question des personnes biologiques, il n'y aura pas de majuscule.

Je ne décris pas ici une relation entre deux personnes qui se débattent parce qu'elles croient à une égalité, mais une relation entre quatre personnages qui essaient d'équilibrer leurs fonctions.

> **L'égalité à atteindre est celle des fonctions, et non pas celle des personnes.**

Le mouvement dans l'∞

Dans l'univers, rien n'est statique. Ce symbole suscite lui aussi un mouvement, un mouvement qui forme un cycle à quatre temps.

Imaginez une machine à laver en marche. Supposons maintenant qu'on y dépose une particule de savon à linge. Suivons son parcours : faisons-la commencer son périple en haut, à gauche du symbole, c'est-à-dire du côté du Père (le point de départ du cycle est tout à fait arbitraire).

Ensuite, elle se déplace vers le quadrant Fille dans le coin inférieur droit. C'est la trajectoire 1, le premier mouvement dans le cycle.

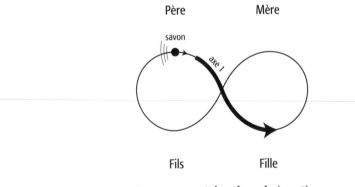

Le mouvement dans le cycle (axe 1)

Ensuite, le granule de savon se déplace sur la trajectoire 2, de la Fille vers la Mère, puis sur la trajectoire 3 (de la Mère vers le Fils) et enfin sur la trajectoire 4 (du Fils vers le Père).

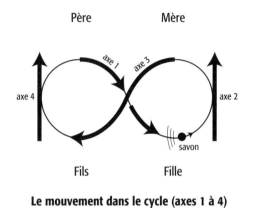

Le mouvement dans le cycle (axes 1 à 4)

Après avoir suivi les quatre trajectoires, la parcelle de savon a complété un cycle. Ce cycle, nous l'appellerons désormais *cycle de rinçage*. Un cycle est donc constitué de quatre personnages et de quatre trajectoires.

Aux experts en machines à laver, j'offre mes excuses. Je sais très bien qu'une laveuse comporte plusieurs cycles comme l'essorage, le trempage, le lamentage, le pliage, l'essuyage, le tordage, le brassage, le démêlage, le triage, le chialage, etc. Mais, si vous voulez bien, je résume le tout ici par *cycle de rinçage*. Et même si vous ne voulez pas, c'est ce que nous allons faire, bon, c'est-tu clair ? Machine à laver et cycle de rinçage ! C'est tout. Nous avons déjà assez de problèmes avec les couples ; je ne vais tout de même pas compliquer encore plus la patente.

Donc, notre cycle suit un mouvement en quatre temps, comme une vraie partie : le Fils passe la rondelle au Père, le Père lance vers la Fille, la Fille passe à sa Mère, la Mère lance vers le Fils et compte !

Je sais que ça peut sembler mystérieux, un symbole où un Père s'occupe d'une Fille qui, après avoir complètement assouvi ses besoins, retrouve l'énergie potentielle d'être Mère pour reprendre sous son aile son Père qui est redevenu son Fils qui, après trois ou quatre efforts de création, reçoit l'éclair de génie du Saint-Esprit pour se retransformer en Père.

Où est-ce qu'on s'en va avec ça? Directement à la réalisation de nos cinq buts du couple (nettoyage, miroir, énergie, rôle, jeu) tels que présentés au chapitre 1.

Avant de détailler cette nouvelle dynamique proposée comme base des couples modernes, j'aimerais une dernière fois regarder le modèle habituel, le modèle classique du couple « équilibré ». Juste au cas où vous n'auriez pas tout à fait bien cerné le moule qui a jusqu'à présent servi de base à votre vie commune (à mon tour de me faire plaisir…).

Le modèle traditionnel

Voyons le modèle que vous chérissez tant. Même si vous ne vous en êtes jamais rendu compte, vous partez vous aussi d'un symbole. Vous partez de deux entités, que nous représenterons par deux cercles. Dans votre conception habituelle d'un couple, il y a deux individus, et non pas quatre personnages, qui essaient de trouver un équilibre. L'homme à gauche, la femme à droite.

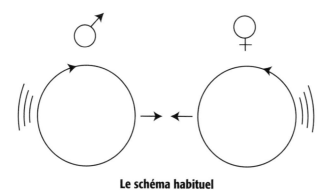

Le schéma habituel

Ces deux cercles essaient de se rapprocher avec leur spin respectif. La femme, avec son spin, traîne ses désirs, ses émotions, ses besoins et les amies qu'elle rencontre dans les toilettes des discothèques, et l'homme, lui, traîne aussi ses désirs, ses besoins, ses objectifs, sa carrière et les amis qu'il rencontre dans les vestiaires de joueurs de hockey.

Voilà que ces deux cercles foncent l'un sur l'autre à pleine vitesse sans véritable système de freinage. Deux personnes foncent l'une sur l'autre, brûlant d'une soif épouvantable d'énergie électromagnétique, alias sexualité/sensualité.

Vous pouvez presque voir le scénario au ralenti – n'est-ce pas ? – comme dans *L'homme de six millions* : les deux se percutent violemment avec l'espoir d'une fusion complète et… crrrrrrac - cla - sh ! C'est le coup de foudre. Patataclow !

Le coup de foudre

Vous avez déjà été touché par la foudre? Je ne crois pas que ce soit bien plaisant. Je n'ai pas eu l'immense plaisir de goûter à ce type de décharge électrique, mais je suppose que recevoir un éclair en plein visage n'est pas une expérience des plus intéressantes.

Je ne vois pas ce qu'il y a de particulièrement agréable à recevoir un *coup de foudre*.

Parce que, bien sûr, quand on a reçu un tel coup, l'étape suivante, c'est de tomber. Tomber en amour.

L'effet du coup de foudre

Franchement. Beau modèle ! Deux spineux qui, après avoir foncé l'un sur l'autre à toute allure, tombent en amour. La suite est digne de Hollywood : après le coup de foudre et la fracture du cœur causée par la chute en amour, on se lance à la poursuite intense de la fusion totale.

Le rêve de fusion

C'est un peu comme les deux meules servant à aiguiser des lames de patins, qui tournent l'une contre l'autre comme pour essayer de fusionner. Bien sûr, comme on est plein d'attentes, on est dur comme du béton. Alors qu'est-ce qui arrive ? Comme les deux meules qui tournent, chacun voulant attirer l'autre vers *ses* intérêts, vous vous grugez mutuellement à coups d'étincelles.

La friction, tentative de fusion

Maintenant que le couple est chauffé à bloc, on se met à tout brûler par des querelles, des disputes et des insultes : c'est le début du ménage.

Justement, n'appelle-t-on pas un couple un *ménage* ? (D'ailleurs, c'est ce que je me tue à dire à ma femme : « Chérie, il me semble, que si nous étions plus, nous ferions le ménage plus vite. Genre un ménage à trois. » Je sais, je sais, je vais dormir sur le sofa une fois de plus, mais bon.)

Toujours selon le modèle traditionnel, tôt ou tard, on doit prendre ses distances pour éviter de se gruger en entier. On part donc à la recherche de *tampons* et d'*indépendance*.

Et que trouve-t-on de mieux pour éteindre les feux ? Les compromis ! *Come on*, c'est pas un modèle, ça !

Un compromis, c'est quoi ? C'est un tampon placé entre deux personnes, question de se faire un peu d'espace. Comme ce n'est pas suffisant parce que ça chauffe trop, on va en mettre plusieurs : compromis 1 + compromis 2 + compromis 3.

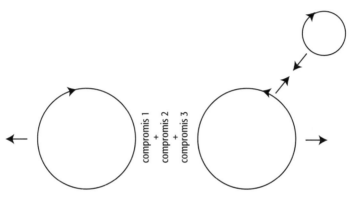

Compromis = tampons, séparation

À force de faire des compromis, les individus se sentent si loin l'un de l'autre qu'ils se retrouvent vite avec un autre partenaire. Un nouveau spin, un nouveau coup de foudre et c'est reparti.

Ce n'est pas étonnant qu'à force de vouloir à tout prix réussir un couple, on en arrive à ne vivre ensemble que pour se tolérer.

Retroussez vos manches et modifiez votre point de vue, ne serait-ce que pour 15 minutes.

Le couple : sport extrême

Reprenons le modèle basé sur le symbole de l'infini, aussi bizarre, utopique, freudien, œdipien, oralien et rintintin puisse-t-il vous sembler, et les cinq objectifs à réussir à travers la vie de couple :

1. Se nettoyer.

2. Utiliser le miroir pour vérifier ses progrès.

3. Augmenter son énergie.

4. Découvrir son rôle de vie pour créer.

5. Jouer et trouver l'amitié.

Comme nous mettons de côté l'ancien modèle coup de foudre – fusion – tampon – fission, vous devez aussi me ficher la paix avec tout ce qui venait avec, comme vos statistiques, vos divorces, vos mariages, vos séparations. Ces éléments n'ont plus aucune importance puisqu'ils s'appuyaient sur une base non fiable. En rejetant ce modèle de couple, désuet, il faut aussi jeter aux poubelles toutes les conclusions qui venaient avec.

C'est comme si vous utilisiez un télescope pour observer les étoiles et que ce télescope était déformé ou que ses lentilles étaient inadéquates. Les conclusions que vous tireriez de vos observations des constellations ne seraient pas valables.

Ainsi, pour la suite du livre, nous ne nous préoccuperons plus du modèle habituel ni des résultats des analyses de couples effectuées avec votre ancien télescope. À mon humble avis, votre télescope était défectueux. Alors changez de télescope. Immédiatement.

1ᵉʳ objectif : se nettoyer

Personne n'arrive, dès les premiers jours, les premières semaines, les premiers mois d'une relation de couple, à établir comme ça, de façon spontanée et fluide, un cycle de l'∞ sans anicroche. Au départ, tout le monde commence en héritant du bon vieux modèle de deux cercles qui, en tournant, se frottent l'un contre l'autre.

C'est l'époque des assiettes qui revolent sur les murs, des insultes à la belle-mère, des nuits sur le divan du salon et des bibelots cassés. Ça va prendre quand même tout ça, **parce qu'il faut que ça chauffe.**

Au début, il faut créer de la chaleur. Et je ne parle pas de la chaleur physique ou sexuelle, toujours présente dans les premiers mois ; cette chaleur est éphémère ; elle avait pour seul but de vous attirer dans la machine à laver. Je parle plutôt de la chaleur du frottement, de la friction, des croyances qui s'entrechoquent, de la colère qui éclate, des frustrations qui s'embrasent. **La chaleur de la chicane.**

Ça, c'est la bonne façon d'être *hot* au début. Comme deux pugilistes qui s'affrontent et qui transpirent. Une bonne grosse brassée de lavage. La planche à laver où on frotte les faiblesses de l'autre. Beaucoup de chaleur. *Let's go,* c'est le temps de se chicaner. Pis on frotte fort.

Plus tôt on passe à la phase Viens-ici-qu'on-s'engueule-et-qu'on-se-pousse-mutuellement-là-où-ça-fait-mal, mieux c'est.

Allez, engueulez-vous, fort, souvent ! Et ouvrez le champagne, votre machine à laver est en marche. Attention, pas le droit de casser la bouteille sur la tête de l'autre après l'avoir bue.

MESSAGE D'INTÉRÊT PUBLIC

Aucune machine à laver digne de ce nom
ne **détruit** ni n'**endommage** les vêtements.
Si votre machine vous endommage,
changez-la *immédiatement* !

Maintenant, vous comprenez peut-être le fait qu'au début (et même pour plusieurs années, sinon quelques décennies quand il y a beaucoup de saleté), il est absolument essentiel de se chicaner pour déloger les taches et faire chauffer le moteur du couple, un peu comme lorsqu'on utilise l'étrangleur de la voiture pour aider au démarrage et réchauffer le moteur (tiens, « étrangleur » ; c'est vrai qu'au début, on veut souvent étrangler l'autre). Ne perdez plus d'énergie à vous culpabiliser de toutes ces chicanes.

Plus tôt vous aurez craché votre venin, plus tôt vous pourrez passer aux étapes suivantes.

2e objectif : le miroir

Le miroir est similaire aux petits senseurs qui, dans certaines machines à laver, indiquent le niveau de l'eau ou sa température. C'est le moment où on se dit : « Ai-je mis trop de linge dans la laveuse ? Le linge est-il trop sale ? Ai-je mélangé des couleurs qui ne vont pas ensemble ? »

C'est le moment où on se laisse tremper. Le miroir vous permet, à travers les yeux de l'autre, de faire le point, de constater de quoi vous avez l'air.

« Miroir, ô miroir, dis-moi… si je suis encore beau… dis-moi si je suis encore la plus belle… » C'est encore la torieuse de Cendrillon. Non, non, non, ce n'est pas Cendrillon, c'est Blanche-Neige, sa cousine. Une autre complice.

Comment utilise-t-on ce miroir ? Rien de plus facile : **regardez l'autre.** Par ses paroles, ses actes, ses états d'âme et son allure, il réfléchit **exactement** *vos* paroles, *vos* actes, *vos* états d'âme et *votre* allure.

Personne, je dis bien personne, ne réfléchit vos propres faiblesses aussi bien que votre joint. Personne ne vous renvoie plus directement à vos lacunes.

Après s'être bien engueulés pendant des jours, des mois et des années, on se laisse tremper et on se regarde. S'il reste des taches, qu'est-ce qu'on fait ? C'est ça, on s'engueule encore !

Ce n'est que lorsque le gros des taches est parti que vous pouvez passer aux phases *constructives* de la vie de couple : celles où vous vous nourrissez d'énergie, trouvez votre rôle de vie et recommencez à jouer comme un enfant.

Mais ne cherchez pas trop vite à passer aux objectifs suivants. Le nettoyage et le miroir sont essentiels. Vous êtes pressé ? Vous voulez le couple Cendrillon et Prince Charmant ? Vous cherchez le couple micro-ondes, celui où vous poussez le piton *start* et, après deux minutes, vous vivez tous les deux heureux pour l'éternité ? Vous faites fausse route.

Vous êtes **sale,** tout comme moi (probablement moins que moi…). Vous êtes taché. (Désolé d'être si direct, mais il est temps que vous lisiez le manuel d'instructions de votre machine à laver avant de la changer pour la huitième fois.)

Donnez le temps à la machine de vous brasser pour bien vous désincruster. Vous devez passer par les phases de nettoyage et de miroir **avant** de déclencher toute la puissance du symbole de l'∞ (que j'appelle aussi cycle de rinçage).

Soyez patient ! Donnez-vous à tous les deux le temps de sortir vos poubelles intérieures. Sinon, vous ne parviendrez jamais à vous voir Parent et Enfant l'un pour l'autre. Vous ne parviendrez pas non plus à augmenter votre énergie, à trouver votre rôle de vie et à jouer.

Reportez-vous à votre machine à laver : quels sont les cycles les plus longs, les plus bruyants, les plus brutaux, les plus énergivores ?

Bon, enfin. Nous sommes un peu plus propres, et notre miroir nous montre finalement un beau reflet. Parfait : nous sommes prêts pour les objectifs suivants de la vie de couple. Mais attention, il reste d'autres taches à déloger… les pires !

3e objectif : trouver l'énergie

Même si nous suivons un processus très systématique, n'allez pas croire que le tout soit aussi bien tracé dans la vraie vie. Dans une vraie machine à laver, peut-être, mais pour celle du couple, pas vraiment. Plus souvent qu'autrement, on passe d'un état à l'autre de façon très désordonnée. Pas grave. Pas grave du tout. Le résultat est le même. On finit par se nettoyer. Le modèle a pour but de vous aider à conceptualiser la démarche et les raisons de former un couple et, ne l'oublions pas, à vous débarrasser de vos attentes illusoires.

Donc, étape ou objectif numéro 3, l'énergie.

C'est dommage, mais c'est justement à ce point précis que la majorité des couples qui se séparent le font. Quel gaspillage ! Juste au moment où tous leurs efforts s'apprêtaient à donner leurs dividendes. Au moment où le couple atteignait le stade de turbo.

Ils ont eu le coup de foudre, se sont mis à s'engueuler, ont trempé dans le regret, ont essayé les compromis, puis chacun est reparti de son côté, avec sa propre brassée encore sale, pour chercher ailleurs la fantaisie de Cendrillon.

Dommage. C'est justement quand vous perdez vos illusions que la vie de couple prend son envol. C'est justement au moment précis où vous perdez vos espoirs d'âme sœur et de fusion que vous êtes mûr pour une relation Parent-Enfant. **Persistez.** Quand vous avez perdu vos illusions après les chicanes et les miroirs cassés, vous pouvez vraiment commencer à vous développer par le couple.

Votre couple *est* efficace. Vos anciens couples *étaient* efficaces. Vos anciennes machines à laver *fonctionnaient très bien*. Le problème, c'est que vous les jetez après les deux phases les plus difficiles. Puis recommencez à zéro avec un nouvel opposant. Vous comprenez ? Vous êtes perpétuellement pris dans le nettoyage et le miroir.

Pire encore, lorsque vous repartez à zéro avec un nouveau joint, vous devez le nettoyer du début. Quelle perte de temps !

Évidemment, tout le monde a peur de parler d'un couple Mère-Fils ou Père-Fille. Tout le monde, sauf ceux et celles qui ont réussi à passer au travers du nettoyage et du miroir, et qui ont eu le courage de passer au cycle de rinçage. Eux voient tout naturellement qu'après la condition de l'égalité, il y a le début, je dis bien le *début* d'un amour parental l'un pour l'autre.

C'est maintenant que nous avons besoin du nouveau modèle dynamique, du symbole de l'infini.

C'est ici qu'on enclenche le **cycle de rinçage,** qui commence seulement quand les deux individus se positionnent comme des enfants sur la balançoire à bascule du parc. L'un des deux dit : « Moi, je vais me situer en Parent pendant un temps, je garde les pieds au sol pour que toi, tu puisses perdre ton contrôle. Pour que tu perdes ton contrôle, il va falloir, entre autres, que je te donne de l'énergie, qu'on appelle de l'attention. » L'un descend, l'autre monte. L'un pousse, l'autre se laisse aller. Puis on inverse. Voilà !

C'est **maintenant,** à ce moment-ci, une fois que le couple est chauffé à bloc, que vous devez introduire le modèle de l'∞ où vous vous voyez désormais comme Parent-Enfant et Enfant-Parent, et non plus comme cons-joints ni comme partenaires égaux ni comme couple conditionné.

Une fois le moteur chaud, très chaud, vous devez devenir Parents l'un pour l'autre. Pourquoi ? Ça vient.

Retroussez vos manches et trouvez-vous un crayon. Un beau gros crayon feutre à encre permanente. Allez, allez, du nerf !

Dessinez un ∞ sur *votre mur*. Oui, je sais que c'est votre mur, mais vous avez besoin d'un aide-mémoire pour vous reprogrammer. Et si ce dessin sur le mur déclenche une autre engueulade, *tant mieux*. Une tache de plus vient d'être délogée.

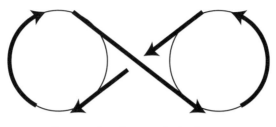

Passage du spin au cycle de rinçage

Une fois le cycle de rinçage démarré, vous n'êtes plus dans la période du nettoyage ni dans celle du miroir.

Oui, bien sûr, vous devrez y retourner parfois, au nettoyage et au miroir, mais de moins en moins souvent. Vous y retournerez tant et aussi longtemps que de nouvelles taches seront à déloger, puis vous jetterez un coup d'œil au miroir pour voir si vous les avez bien nettoyées. À la longue, les taches sont de plus en plus rares et vous pouvez passer en grande vitesse au cycle de rinçage.

Je sais que je passe beaucoup de temps sur ces explications mais, selon mes observations, c'est précisément à ce moment-ci que tout casse chez les couples modernes. C'est à ce moment-ci qu'il vous faut un nouveau modèle.

Reconstruisons-le en détail ensemble.

Comme, au cycle de rinçage, nous avons pour objectif de remplir nos réserves d'énergie, observons les quatre temps de notre valse pour voir comment les énergies se transfèrent (de nouveau, le point de départ de l'ordre des temps est tout à fait arbitraire).

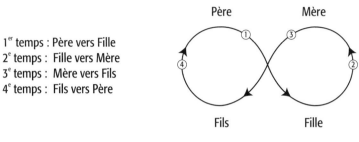

1er temps : Père vers Fille
2e temps : Fille vers Mère
3e temps : Mère vers Fils
4e temps : Fils vers Père

Les 4 temps du cycle de rinçage

Les énergies circulent sur ce circuit, passant d'un personnage à l'autre. Il n'y a pas de guide absolu. Au début, les étapes du cycle vont devoir être forcées, un peu comme les efforts qu'on doit donner pour mettre une bicyclette en mouvement, jusqu'à ce qu'on ait pris notre élan, atteint notre erre d'aller. À la longue, ça se simplifie, ça s'automatise.

Connaissez-vous des vieux couples ? Mes grands-parents comptent parmi les plus vieux couples du Québec : à 93 ans, ils sont mariés depuis 63 ans. Ils ne se posent évidemment pas des questions du genre : « Amour, est-ce à toi ou à moi de faire le Parent aujourd'hui ? »

Mais, au début, il faut apprendre comment la laveuse fonctionne. Il y a un manuel d'instructions, et il faut prêter attention. On fait des erreurs et on recommence.

Maintenant, jetons un coup d'œil à chacun des quatre temps du cycle.

1er temps : Père vers Fille

Supposons que la première personne qui se pose en position parentale soit l'homme. C'est l'étape où il se place en position Père et offre une certaine forme de sécurité à sa jointe pour lui permettre de devenir Enfant-Fille. L'énergie qui est alors transférée est une énergie de sécurité et de sensualité, de chaleur humaine, d'émotivité, de tendresse. Sans aucune connotation sexiste, on voit alors la Fille se serrer contre son Père et s'appuyer sur lui. Cette sécurité-là est hautement nourrissante.

La plupart des femmes qui se placent dans la position Fille sont nourries de sensualité. Si ce n'est pas votre cas à vous, madame, vous mettrez le mot sexualité. Pas de problème! La plupart des femmes semblent plus nourries par la sensualité que par la sexualité. Mais si, pour vous, c'est différent, n'en faites pas tout un plat. Adaptez le concept, c'est tout.

2e temps : Fille vers Mère

Lorsque la femme-Fille a été suffisamment nourrie par cette énergie paternelle venant de son partenaire-Père et qu'elle a pu se plonger complètement dans la réalisation d'un de ses projets, et lorsque l'homme a pu amorcer son apprentissage du don d'amour inconditionnel de Parent, le cycle se trouve au deuxième temps (même principe que pour un moteur à explosion à quatre temps).

Parce que ça s'apprend, l'amour inconditionnel! C'est un **apprentissage**. C'est justement là un des plus beaux bénéfices de la machine à laver. Nous aimerions tous être capables d'amour inconditionnel dès le début, mais nous devons apprendre. Nous apprenons à l'école du rôle de Parent, Parent pour notre partenaire.

Un bébé de un an, de six mois ou de trois semaines, c'est très dépendant. Et c'est avec quelqu'un de totalement dépendant qu'on apprend l'amour inconditionnel. Encore plus quand cette personne dépendante l'est *par choix* (votre joint) et non par obligation (vos enfants).

Justement, la position d'être volontairement totalement vulnérable et dépendant d'une autre personne, ça aussi ça s'apprend.

Les enseignements religieux nous incitent systématiquement à nous abandonner dans les bras du divin. Comment pouvons-nous aspirer à nous abandonner complètement à un dieu intangible si nous n'avons même pas appris à le faire de plein gré à l'égard de notre partenaire-Parent?

> **Le cycle de rinçage est celui de l'école d'amour
> inconditionnel et de dépendance volontaire.**

C'est un point délicat, la dépendance, mais si vous voulez vraiment y goûter, vous devez vous placer en situation d'Enfant en dépendance totale. Et comme Parent, vous devez assumer l'autre totalement.

> **L'amour inconditionnel et la dépendance volontaire
> s'apprennent dans l'∞, dans la salle de classe
> de la machine à laver.**

Quand la Fille (le rôle assumé par la femme à cette étape) a reçu suffisamment d'énergie paternelle, elle est rassasiée. Alors, spontanément, cette énergie se transforme en énergie maternelle, pour que le cycle s'inverse. Cette transmutation s'effectue de manière toute naturelle.

3ᵉ temps : Mère vers Fils

Comme Mère, elle va maintenant à son tour donner son attention à son homme-Fils. Une attention de fierté, une attention de sexualité, d'énergie physique.

On ne surprend personne. Toutes les générations se demandent pourquoi l'homme veut tant de sexe et la femme veut tant de caresses. D'ailleurs, savez-vous que le fantasme sexuel numéro 1 des hommes (selon un sondage Internet trouvé par hasard pendant une soirée de surf – pas très scientifique, mais intéressant tout de même) est de se retrouver en couche dans les bras d'une femme qui joue le rôle de sa mère ?

Avez-vous remarqué que, souvent, les couples qui ont un certain âge et un certain nombre d'années de vie commune s'appellent M'man et P'pa ? Ils le font même lorsqu'il n'y a plus d'enfants à la maison (pas vrai, p'pa ?).

Chez les couples plus jeunes (ou plutôt moins nettoyés), ce genre d'appellation est au contraire considéré comme une insulte : « Hey ! Appelle-moi pas Moman, chus pas ta mère ! » Je me souviens qu'au début, si j'avais le malheur d'appeler Jessy « M'man », je me faisais ramasser pas à peu près. Aujourd'hui, c'est différent. Elle voit même ça comme un compliment.

4e temps : Fils vers Père

Pour le Fils, le processus est le même. Une fois rassasié, il y a transfert intérieur d'énergie qui permet d'effectuer le passage de Fils à Père.

Voici un petit tableau qui permet de résumer le type d'énergie qui circule sur chacune des quatre trajectoires.

Énergie	Trajectoire de l'énergie	Type d'énergie
E_1	Père vers Fille	Sensualité, sécurité
E_2	Fille vers Mère	Joie, satisfaction
E_3	Mère vers Fils	Sexualité, fierté
E_4	Fils vers Père	Joie, satisfaction

Comme pour une vraie machine à laver, notre système, notre cycle de rinçage, requiert des apports externes d'énergie. Pour les positions Enfant, cette source est de type matériel, ou naturel (nature, grand air, soleil, nourriture, sexe, etc.) ou E_{nature}.

Pour les positions Parent, la source externe d'énergie est plutôt de type spirituel (prière, méditation, respiration active) ou $E_{spirituelle}$.

Chaque membre du couple s'y branchera pour alimenter le cycle.

E_{nature}, qui vient d'en bas et remonte, est d'abord physique et devient spirituelle.

C'est la transmutation sexuelle.

$E_{spirituelle}$, qui vient d'en haut et descend, est d'abord spirituelle et devient physique.

Pour le moment, il est suffisant de bien comprendre le mécanisme de transfert d'énergie d'un rôle à l'autre et de savoir qu'il y a des sources externes permettant de nourrir le tout. Pour plus de détails sur ces sources externes, il faudra attendre de nouveaux livres[2].

Équilibrer les trajectoires

Nous avons suivi le cycle et étudié les deux sources externes d'énergie. Parlons un peu du *timing*, du synchronisme.

À quel moment doit-on « shifter » d'une position à l'autre ? (Tant qu'à faire des analogies avec le moteur d'une voiture, aussi bien continuer.)

Pas facile à dire. Pas facile, parce qu'il n'y a pas vraiment de règles ni de bonne réponse.

Au début, c'est difficile. Il faut composer avec nos styles, nos carrières, avec les enfants, les amis, le travail, les contraintes et les responsabilités.

Ce que je peux vous dire, c'est que vous devez, votre joint et vous, prendre une trajectoire de départ et faire vos essais.

Quoi ? Votre joint refuse de coopérer ? Votre jointe ne veut pas du tout vous servir de Mère ? Pas de problème, redémarrez la phase de nettoyage et sortez les assiettes. Chauffez encore, votre moteur est trop froid.

---

[2] Visitez le www.pierremorency.com pour de l'information à ce sujet.

Un pour tous, tous pour un ?

On peut se poser une question à ce moment-ci : si nous sommes tous semblables à des protons et des électrons, est-ce que tout le monde pourrait réussir en couple avec tout le monde ? Réponse : est-ce qu'on peut laver tous les types de vêtements simultanément ?

L'énergie qui déclenche le processus du couple est celle de l'attraction gravitationnelle (oui, oui, la même énergie qui maintient la Terre en orbite autour du Soleil), suivie de l'attraction électromagnétique (d'ailleurs, les scientifiques modernes croient de plus en plus que ces deux types d'énergie sont en fait une seule et même énergie).

Quand les êtres humains sont très éloignés, ils sont tous attirés les uns par les autres. À distance, s'il ne restait que deux êtres humains sur terre, vous et une autre personne, même très différente de vous, vous seriez porté à aller vers elle.

C'est comme lorsqu'on visite une exposition ou qu'on va au marché aux puces : s'il y a un attroupement, c'est le premier endroit où on va. Une curiosité, que j'appelle *attraction gravitationnelle,* nous attire les uns vers les autres.

Une fois les deux individus rapprochés, la force électromagnétique entre en fonction. Et seules des particules de charges opposées continuent à s'attirer.

Vous pourriez donc réussir votre vie par le couple avec des milliers de personnes différentes ! Mais pas avec toutes les personnes. Ça réveille, non ? Et ça enlève de la pression, avouons-le.

Personnellement, je note, sans aucunement banaliser ni sous-estimer ma relation avec ma femme, qu'il y a des centaines et des centaines, et peut-être même des milliers de femmes avec qui j'aurais pu former un couple. Même chose pour ma femme : il y a des milliers d'hommes avec qui tout aurait pu arriver (trop tard, chérie). Mais jamais deux individus ne peuvent se rendre à la fusion complète.

Si vous remarquez que votre joint est plus gentil avec tout le monde qu'avec vous, c'est que le cycle marche. C'est normal. Il est supposé être plus fin avec les autres, parce que, souvenez-vous de la physique, il est plus loin des autres – il n'échange avec eux que de l'énergie gravitationnelle : pas de friction, pas de chaleur. Mais pas de possibilité non plus du divin lien Parent-Enfant.

Étant loin des autres, tout ce qu'il échange avec eux se passe au niveau du champ gravitationnel, et peut-être un peu de l'attraction électromagnétique. Les interactions sont en surface, c'est tout.

4ᵉ objectif : trouver son rôle de vie pour créer

Les personnes qui créent sont des personnes très « égocentrées ». Quand on est égocentré, on est centré sur sa voie. On ne peut pas créer en pensant aux autres.

Les artistes créent comme des enfants. Les enfants sont égocentrés. Ils perdent la notion du temps. Ils perdent même la notion de responsabilité. C'est à ce moment-là qu'ils ont des éclairs de génie.

Oui, **il faut une certaine dose d'égoïsme pour créer.** La vraie créativité ne provient que de personnes égoïstes. En anglais, le mot égoïste se dit *selfish*, et ce n'est que quand on est *selfish* qu'on peut *fish for the self*, qu'on peut **se repêcher.**

Trouver son rôle de vie et créer, c'est beaucoup plus rapide, facile et efficace si on peut donner à l'autre, ne serait-ce que temporairement, les responsabilités et les tâches quotidiennes. Par exemple, si ma femme-Mère n'était pas en train de faire faire les devoirs aux enfants, de s'occuper du souper et des autres tâches de la famille, je serais totalement incapable d'écrire ce livre actuellement.

Et vice-versa ! Quand Jessy montait des spectacles de patinage artistique, si je voulais vraiment libérer son esprit pour qu'elle puisse concevoir des numéros de synchronisme efficaces, je devais la décharger totalement des factures et du ménage.

TREMBLEMENT DE TERRE EN VUE

**Vous ne pouvez tout simplement pas créer tous
les deux simultanément à votre plein potentiel.
Un couple aux carrières ou aux projets simultanés est
soit voué à l'échec, soit voué à des succès moyens.**

BANG !

Tant qu'on se bat pour la simultanéité, cet ennemi juré de la réussite, le talent créatif ne sort pas. Le gardien de prison de la créativité est cet espoir que chacun ait une vie professionnelle en même temps, que chacun suive le même horaire de vie.

Depuis la parution du livre *Demandez et vous recevrez*, de très nombreux lecteurs me demandent comment atteindre une vie équilibrée : « Pierre, dis-nous comment tu parviens à équilibrer famille, carrière, loisirs, enfants, spiritualité, couple, etc. ? »

Simple : j'ai perdu la notion de **simultanéité.** Je ne cherche pas à être équilibré sur tout à tous moments. Je suis équilibré sur plusieurs années. J'irai plus loin : mon équilibre est synchronisé à celui de Jessy. Bref, **nous alternons.**

Si vous voulez vraiment apprendre à alterner et si vous êtes un peu maso sur les bords, vous devriez marier votre pire ennemi. Ce serait le *ultimate cleansing*, le nettoyage ultime. D'une certaine façon, Jessy a longtemps été ma pire ennemie. Elle m'empêchait de devenir tout ce que je croyais devoir devenir, dans les sports, dans la science, dans l'écriture, dans les recherches. Nous nous battions sans cesse avec l'égalité et la simultanéité. Un match de boxe extrême. Un petit enfer.

C'est en elle que je voyais le pire obstacle pour me réaliser. Mais ça, c'était vrai au temps où nous nous percutions l'un l'autre, chacun dans notre cercle.

Ce n'est plus le cas maintenant, loin de là. Jessy est devenue pour moi le plus grand levier, le meilleur piston de notre moteur de couple dans la dynamique de l'∞. L'∞ est bien installé dans notre vie, même que nous sommes sur le point de le quitter. Imaginez, nous le quitterons bientôt, presque propres !

Il est normal de voir l'autre comme son pire ennemi pour un temps. C'est le signe que vous êtes sur le point de vous débarrasser de l'obstacle infernal de la simultanéité des carrières, de l'orgasme et de tout le reste.

Je crois même aujourd'hui que l'amour le plus pur est celui qui vous permet de devenir le diable de votre époux, son pire ennemi, en permettant que toute sa méchanceté, sa colère, sa rage soit pointée vers vous. Ce faisant, vous l'empêchez de pointer son fusil vers les autres.

Seul un dieu-Père ou une déesse-Mère peut volontairement devenir le pire ennemi de l'autre par amour nettoyant. Toute autre personne se sauvera en courant. Et c'est ce qui arrive à tant de couples ; dès que l'un sort son diable pour l'exorciser, l'autre se sauve en courant et en disant : « Y a pus de chimie entre nous. » Peureux, peureuse, va !

C'est seulement par cette espèce d'amour divin qui, selon moi, ne se trouve que dans le mariage qu'on peut oser sortir son enfer. Parce qu'il y a un contrepoids à saveur de paradis.

Pour que tous deux se réalisent, il leur faudra arriver à un équilibrage des trajectoires de l'∞. Si vous voulez maximiser la création, vous ne le ferez pas tous les deux en même temps, que ça vous plaise ou non.

5e objectif : enfin le jeu

« Je ne te parle pas, je me parle.
S'il te plaît, ne me réponds pas.
Ton point de vue, je m'en fiche,
je ne veux que ta protection,
ton énergie et ton appui
pour que je puisse me rouler dans la boue,
sauter dans les flaques d'eau
et jouer comme un enfant. »

Je ne vous demande pas de me croire aveuglément. Allez étudier la vie des plus grands créateurs que vous pourrez trouver. Que ce soit Ernest Hemingway, Walt Disney ou Léonard de Vinci, vous ne trouverez pas à côté d'eux quelqu'un qui créait en même temps. Non seulement ces créateurs créaient, **mais ils jouaient en paix.**

Et c'est avec du linge propre qu'on trouve son rôle de vie, qu'on retrouve la joie de vivre et le goût du jeu. Pour trouver son rôle de vie, pour créer et pour jouer, pour vraiment retrouver le fou rire et faire comme nous des combats de nourriture le vendredi soir, **il faut devenir insouciant.** *Insouciant* veut dire « sans souci ».

Mais il y a une vie autour de nous. Tout le monde ne peut pas être insouciant en même temps. C'est l'essence même de l'∞ et de ce livre. Deux personnes se permettent à tour de rôle de retrouver le « royaume des cieux » en devenant chacune, à un certain moment, Enfant sous la protection de l'autre qui joue le rôle de Parent.

Si seulement nos curés nous avaient dit cela ! C'est bien joli, les phrases du genre « Laissez venir à moi les petits enfants, car le royaume des cieux est à ceux qui sont comme eux. » Ah oui, très beau. Très émouvant. Mais, nom de Dieu de merde, comment je fais pour me cr… (pardon, je m'emporte) me foutre de toutes mes responsabilités pendant que je plonge en moi pour retrouver ce satané cœur d'enfant ?

J'ai trouvé. Je m'abandonne à ma déesse-Mère physique. Ça, c'est de la religion utile. Sans Jessy, je n'aurais jamais pu me trouver pleinement. C'est la meilleure gourou que j'ai trouvée dans ma vie. Elle a pris sur elle mes soucis. Il n'y a pas de plus précieux cadeau.

Continuez avec vos débats d'égalité, de lutte des sexes et d'analyse. Moi, je goûte enfin à la vie.

Quand le meilleur détruit le pire

MISE EN GARDE
Cette section est exclusivement réservée aux extrémistes qui n'ont ni froid aux yeux ni peur des mots.

Le mariage, c'est pour les maniaques

Ce qui suit est réservé aux maniaques seulement, aux vrais, aux purs et durs, à ceux qui veulent vraiment déloger les taches incrustées. Ou encore, aux gens qui sont vraiment couverts de taches.

La solution ultime s'appelle le mariage. Mais oui. Le bon vieux classique, historique mariage. Mais attention, pas celui « pour le meilleur et pour le pire ». *No way* !

On ne se marie pas pour le meilleur et pour le pire.

On se marie pour que le meilleur détruise le pire.

Pour moi, le mariage, c'est l'effet turbo. Le gros moteur V8. La machine à laver de luxe super méga toute équipée. Moi, j'ai choisi le gros modèle. Dieu sait combien j'en avais besoin.

Le mariage unit deux extrémistes qui veulent vraiment que ça marche fort.

MESSAGE D'INTÉRÊT PUBLIC

**Vous n'êtes pas obligé de vous marier.
Souriez, aujourd'hui, au troisième millénaire,
il est socialement acceptable de vivre à deux
sans se marier. Même d'avoir du sexe. Et des enfants.
Et des avocats à la séparation !**

Vous n'êtes plus obligé de vous marier. Si vous voulez juste la belle robe et la cérémonie, vous pouvez même aller à Las Vegas où on vous simule le tout sans vous donner le statut. Allez-y, vivez le *trip*.

Tenez-vous loin du mariage si vous n'êtes pas maniaque. Les maniaques préfèrent la mort à l'échec. Les vrais adeptes du mariage ne songent pas au divorce.

Donc, ne mariez qu'une personne qui est aussi, sinon plus, maniaque que vous. Ne mariez qu'une personne qui veut à tout prix trouver le paradis terrestre, pas la vie de Cendrillon.

Le chemin pour les purs et durs, c'est le mariage !

OK, je me calme.

Il y a des avantages au mariage ; c'est que ça peut déloger des taches que tous croient impossible à enlever (du genre ketchup, huile, bleuet, sang, vin rouge, tout ça mélangé), parce que la machine est plus robuste. Autrement dit, on peut s'envoyer promener sans que la machine casse.

Réalisez ceci : **chacun de nous est plein de pourriture à l'intérieur.** Nous ne sommes pas tellement beaux à voir sous la surface, avec toutes les poubelles que nous avons accumulées.

Le mariage est une machine industrielle dans laquelle vous pouvez mettre du linge extrêmement sale et des nettoyants plus forts. Et avec une machine industrielle, attachez votre ceinture, on peut tout nettoyer. On peut même littéralement y vider sa couche. C'est la seule machine à laver où on est capable d'accepter le juron *holy shit,* qui veut dire « nom de Dieu », et, littéralement, « sainte Merde ».

Et lorsqu'on peut vider sa couche devant l'autre, qu'on est capable d'être totalement vulnérable devant quelqu'un, on peut redevenir un Enfant en toute sécurité.

La seule façon d'oser vider ses poubelles, c'est d'être totalement certain que la personne devant nous ne va pas nous détruire avec ce qu'elle va voir et entendre. Avant d'engueuler quelqu'un, il faut être sûr que cette personne nous aime vraiment comme il faut. Le mariage permet ce beau paradoxe : « Sachant que tu m'aimes beaucoup, je vais vraiment t'envoyer promener ». Le jour où on comprend ça, on court vers le mariage.

Si j'ai devant moi quelqu'un qui m'aime assez pour que je lui vomisse dessus et qu'il reste là, je suis correct. C'est à ce moment-là que le meilleur de l'autre détruit le pire de soi.

Le meilleur de l'autre détruit le pire de soi.

Par contre, si votre joint est encore très doux et gentil après 15 ans de relation, il y a un problème. Les poubelles sont encore là. Et il y a des limites à laisser ça en dessous du tapis.

Je le répète, le chemin pour les purs et durs, c'est le mariage.

Parce que chez les couples accotés, ça fait longtemps que, quand la vraie merde, la vraie saleté commence à sortir, les gens se sauvent en courant. Comme les rois et les reines modernes qui gèrent les guerres du confort de leur bureau. Ceux qui se sont mariés pour se nettoyer en profitent plutôt pour le faire.

Le mariage a un autre avantage : c'est plus compliqué de s'en aller. Il y a le contrat de mariage, les papiers, les beaux-parents, le 50-50 sur tous les biens…

Ça peut sembler artificiel, mais, dans notre cas, le fait d'avoir eu ces barrières nous a donné l'excuse pour dire : « OK, on va se réessayer une autre fois. Je défais mes valises. »

Ça nous a permis de sortir une poubelle de plus, de nettoyer une chose de plus. C'est tellement vrai que chez nous, même nos enfants savent que quand nous nous chicanons, nous changeons nos couches. Ils trouvent même ça drôle. Ça a été une des plus belles explications que nous ayons pu leur donner pour nos engueulades. « Ne vous en faites pas, papa et maman sont en train de changer leurs couches. On s'aime tellement que, quand on se chicane, on est capables de se vomir dessus sans se quitter. »

Ils ont compris tout de suite.

Le divorce dans tout ça

Être d'accord est un préambule au divorce.

Le divorce, c'est comme si la machine à laver s'arrêtait. Elle saute. Le disjoncteur explose. Est-ce vraiment grave ? Je ne sais pas. Elle aura au moins servi à déloger un certain nombre de taches tenaces. Au moins ça de pris. On n'a rien à gagner à chercher à savoir si on a jeté une machine à laver prématurément.

Les gens se séparent beaucoup trop vite. On le voit clairement quand les cycles sont répétitifs. Les gens se séparent, trouvent quelqu'un d'autre à peu près du même profil (instinctivement, chacun sait très bien le type de machine à laver qu'il lui faut), puis ils ont encore à peu près les mêmes chicanes puisque celles-ci sont déclenchées à partir de *leurs* propres taches non nettoyées. Ils vont recommencer pendant combien de cycles ? Tant et aussi longtemps que les mêmes taches non nettoyées seront là.

Pourquoi changer de machine inutilement ? J'insiste : les gens se séparent beaucoup trop vite. Je n'ai rien contre ! Mais ils ne permettent pas à la machine de faire la *job*. Ils changent de machine, mais elle n'avait pas fini ; elle n'était même pas brisée.

Ça aurait peut-être été plus utile de garder la même machine. Je vous rappelle qu'on ne parle pas du tout d'amour ici : on parle de ménage. On parle d'enlever des taches !

L'amour ne peut être mis sur la table que lorsque le cycle de rinçage est très avancé. Il naît alors de lui-même. Pas besoin de forcer quoi que ce soit.

La face cachée de la cérémonie du mariage

Vous rappelez-vous la dernière fois que vous avez assisté à un mariage ? Peut-être était-ce le vôtre ?

Quels sont les éléments majeurs de cette célébration ? Et quelle est la première chose que le futur mari fait avant même la cérémonie ? Il demande au père la main de sa future. Et pourquoi est-ce que c'est le père qui amène la future mariée au futur époux qui poireaute en avant de l'église ?

Croyez-moi fou ou non, ce n'est rien d'autre qu'une cérémonie de passation des pouvoirs. Quels pouvoirs ? Ceux de père. La main se donne du présent père au nouveau Père. Voilà ! Il n'y a pas de *gendre* dans l'histoire. Un gendre, c'est un téteux. Mais un Père ! Là, on ne rit plus.

D'ailleurs, le père naturel ne dit-il pas : « Tiens, je t'amène ma fille » et « Voici ma fille, prends-en soin », et non « Tiens, je t'amène ton épouse » ?

Prends-en **soin.** Pas « Sois égal avec elle et négocie bien ». Ça suffit, les stupidités. Un père ne fait confiance qu'à un autre Père pour ses enfants. Pas à un petit gendre minable !

Et vous, madame la mariée, n'avez-vous pas une belle-mère qui vous appelle sans arrêt pour savoir comment va son fils ? Et qui vérifie si la cuisine est bien faite chez vous ? Si le garçon est bien nourri ? Qui fait le ménage chaque fois qu'elle passe chez son fils ? Parce qu'elle ne passe pas chez sa bru ni chez votre mari : elle passe chez *son fils*… et elle vérifie si vous êtes une bonne Mère pour lui.

Allez, dites-moi que je me trompe. Osez, pour voir. Ah oui, j'oubliais, vous n'avez pas les couilles de vous marier. Ce sera plus facile de partir. Ne me dites pas que vous utilisez l'excuse que ça coûte cher. Dites-le, que vous voulez une porte de sortie. Relisez *Demandez et vous recevrez* : les portes de sortie sont un frein à la réussite.

Le *je t'aime* : un couteau à double tranchant

Le *je t'aime* est une arme de destruction massive. Est-ce que vous sortez votre arme prématurément, est-ce que vous utilisez votre arme à toutes les sauces ? Il y a un *timing* pour dire *je t'aime*.

La plupart des gens utilisent le *je t'aime* de façon égoïste, pour eux-mêmes : *je t'aime* pour que mon écho se fasse entendre dans ta voix, pour que je me donne confiance.

Le *je t'aime* est une arme de destruction massive quand il est prononcé. C'est de la catégorie des formules à la BIBBIDI-BOBBIDI-BOU. Quand quelqu'un vous dit *je t'aime,* au lieu de répondre *moi aussi,* vous devriez dire *BIBBIDI-BOBBIDI-BOU.* Ça va être drôle, et l'autre va vite s'écœurer de le dire. Peut-être pourrez-vous alors commencer à le *ressentir.*

Il y a aussi un *je t'aime* positif, créatif. Il n'y a que ce *je t'aime* qui soit valide, et il ne requiert pas d'être dit. Si vous devez le dire, ce n'est pas vraiment vrai. Si vous avez besoin de parler, ça veut dire que c'est trop ennuyant.

La bague au doigt : quand le meilleur détruit le pire

Que peuvent bien représenter les anneaux de mariage ?

Reprenez le modèle des deux individus qui courent l'un vers l'autre avec le spin opposé. Deux cercles qui foncent l'un vers l'autre, ça ne vous rappelle pas l'image des deux alliances sur le coussin ? Les symboles sont toujours de beaux enseignements si nous savons les comprendre.

Les alliances

Ces deux alliances côte à côte représentent nos deux cercles qui se préparent à s'entrechoquer. Le symbole parfait du coup de foudre.

La différence, c'est que nos deux anneaux ont une qualité de beauté. Oui, ça va chauffer, mais une bague à diamant et une bague en or peuvent résister à d'énormes frictions. Ne dit-on pas que le diamant est la substance la plus dure ? Avec l'or et le diamant, nous avons une chance de créer de la chaleur par friction sans détruire nos individualités.

Ça peut vraiment frictionner à des degrés de chaleur nettement supérieurs. Qu'est-ce que ça veut dire ? Beaucoup plus de ménage possible, beaucoup plus rapidement, avec en prime un diamant.

Si vous savez ce qu'est le diamant, vous comprenez bien des choses. Le diamant est une substance rare provenant de l'un des éléments les plus abondants (le carbone). C'est aussi le plus dur des minéraux.

C'est justement cet élément de la nature qu'on a choisi de remettre à la cérémonie du mariage. Est-ce vraiment parce que le diamant est la plus belle pierre ? Je ne crois pas. Avez-vous déjà vu un superbe rubis ou une émeraude scintillante ? Le diamant est beau, mais selon moi, d'autres pierres sont plus belles (et moins chères).

Le mot français *diamant* est tiré du mot grec *adamas,* qui veut dire « invincible ». On a choisi le diamant parce qu'on a choisi d'avoir la tête de cochon la plus dure : « On va se nettoyer en utilisant le minéral le plus dur et le plus durable qui soit. » Le diamant, dans la cérémonie du mariage, n'est pas symbole d'une condition d'entrée, mais symbole du but à atteindre. Vous donnez votre parole que vous allez tout faire pour vous nettoyer, vous polir et vous mettre à briller en chemin. Et l'or dans tout ça ? Ah ! l'or, c'est beau ! Donc, on va se servir de la beauté et de la dureté. Pourquoi, selon vous ?

Ce n'est pas pour le meilleur et pour le pire. Je regrette, mais non. Je m'obstine. J'ai une véritable tête de cochon de diamant !

La prochaine fois que je vais dans un mariage, je vais dire au curé que je m'objecte. Non, m'sieur l'abbé, ces deux tourtereaux ne se marient pas pour le meilleur et pour le pire. Quelle espèce d'imbécile se marierait pour le pire, dites-moi ?

Ils se marient **pour que leur meilleur détruise leur pire.** Fin des mensonges. Fin des masques.

Tiens, je me paye la traite, je vous balance un poème sur le mariage. (Un livre sur les couples sans un p'tit cachet romantique, ça serait dommage, vous ne trouvez pas ?)

LE MARIAGE

Le mariage n'est point une obligation de bourreau
Mais le sentier du héros
Un vrai rodéo rempli de soubresauts

Le mariage est pour les plus impatients
Ceux qui désirent un puissant détergent
Plusieurs choisissent ce sentier exigeant
Peu l'utilisent vraiment

La récompense est pourtant infinie
Elle est la seule vraie amie
Ce résultat, ce cadeau, même Dieu l'envie

So how tough are you?
Seriez-vous de la trempe des risque-tout?
De quelle grosseur sont vos couilles?
Voulez-vous le carrosse ou la citrouille?

Si vous êtes faible, au mariage il ne faut pas consentir
Parce qu'à l'autel une promesse vous offrirez de tenir
Mais seuls les plus forts réussiront à ne pas la trahir
Pour avoir le meilleur, ils vont combattre le pire

3

Un symbole
pas fou du tout

Nous venons de passer un chapitre entier à décortiquer l'utilisation d'un symbole qui, vous en conviendrez très éventuellement, n'est pas si fou que ça.

Je n'irai pas trop vite avec vous. Je suis déjà impressionné que vous teniez encore ce livre entre vos mains. Vous méritez que je fasse preuve d'un peu d'indulgence. Après tout, je ne connais pas beaucoup de gens qui ont le culot d'approfondir un modèle de vie si différent du leur sans réagir avec dégoût, colère, et surtout, abdication instantanée.

N'abandonnez pas. Je sais que ce qu'il vous faut maintenant, après les concepts et les schémas, ce sont des exemples. Des exemples tirés de la vraie vie. Des biographies. Des cas vécus. Des faits réels, surprenants, qui appuient ce que vous appelez probablement encore la théorie du fou à Morency.

Cela dit, n'en faites surtout pas un dogme. Je ne suis qu'un simple physicien jouant les journalistes de la vie. Et puis, on écrit ce qu'on a le plus besoin d'apprendre. Alors franchement, j'ai autant d'études à faire avec ce livre que vous. Sinon plus. J'ai un mental rigide et une foi fragile.

Épions ensemble quelques exemples réels pour voir jusqu'où va le fameux ∞, symbole universel de l'infini, symbole du couple à grande vitesse. J'ai fait des recherches et je suis tombé sur des indices, des pistes qui m'ont surpris et parfois même choqué, suffisamment en tout cas pour que je saisisse progressivement que ce symbole est beaucoup plus puissant qu'on le croit.

Dans les pages qui suivent, je dresse une liste des indices qui m'ont le plus bouleversé... et éveillé. Peut-être que, si vous êtes comme moi, c'est tout ce qu'il vous manque pour que votre cerveau accepte ce que votre cœur sait déjà depuis longtemps.

L'amour en chansons

Si vous êtes comme moi, la musique et les chansons vous transportent. Décidément, les artistes sont vraiment en avance sur leur temps. En quelques couplets, ils communiquent des messages qu'un aventurier amateur comme moi ne parvient même pas à véhiculer en 150 pages. Voyons ce que, par leurs chansons, ils expriment sur les chemins de la vie à deux.

N'avez-vous pas remarqué que dans la plupart des chansons d'amour, que ce soit en français ou en anglais, les mots du genre *bébé, baby, daddy* reviennent très régulièrement, tandis que les mots comme *husband, wife, partner, époux* brillent par leur absence ?

Et si les auteurs de chansons avaient raison ? Si l'amour se ressentait mieux dans une relation Parent-Enfant ? Les artistes sont souvent des êtres visionnaires. Ils ont une vie en retrait de la société et un regard sur la vie généralement précurseur. Musiciens, peintres, grands écrivains, poètes et compositeurs sont souvent en avance sur leur temps.

J'ai donc décidé de faire ma petite enquête pour voir ce que les chanteurs pouvaient nous enseigner sur le symbole de l' ∞. Nous enseignent-ils que l'amour doit se bâtir sur un partenariat et une négociation, avec les qualificatifs *husband, wife, conjoint, conjointe* ?

D'après vous, combien de chansons québécoises francophones contiennent une phrase comme *chéri, je t'aime, toi mon conjoint de toujours*? Je n'ai jamais rien entendu qui ressemble à ça. Même pas dans les bonnes vieilles chansons country de Willie Lamothe.

Je me suis lancé dans un travail de forcené (en vérité, j'ai payé une âme dévouée qui m'a aidé à faire le travail) pour analyser le plus grand palmarès musical du monde : le Billboard. Cette société états-unienne publie, depuis des décennies, un décompte hebdomadaire des chansons les plus populaires du moment. Nous avons littéralement épluché toutes, je dis bien *toutes* les chansons en tête du palmarès de 1950 à nos jours. Un vrai travail de moine.

Nous avons donc compilé, par décennie, le nombre de chansons, dans les *top 10*, dont le titre contient les mots *baby, daddy, mommy, mamma, mom, dad, husband, wife* ou *partner*. Voici un résumé de notre travail.

Décennie	Nombre de chansons dans le *top 10* dont le titre contient les mots *baby, daddy, mommy, mamma, mom* ou *dad*	Nombre de chansons dans le *top 10* dont le titre contient les mots *husband, wife* ou *partner*
1950-1959	9	0
1960-1969	35	0
1970-1979	21	0
1980-1989	7	0
1990-1999	17	0
2000-2003	3	0
Total	**92**	**0**

OK: 92 à 0. Quatre-vingt-douze à zéro! Avouez que mon modèle n'est peut-être pas si fou que ça. Pour être dans le *top 10* du palmarès, il faut qu'une chanson soit *très* populaire. Il faut toucher les cordes sensibles de plusieurs millions de personnes.

Parmi les chansons les plus écoutées, les plus vendues, les plus jouées à la radio, les plus aimées, parmi ces chansons donc, depuis les années 50, 92 titres contiennent les mots à connotation Parent-Enfant pour parler d'amour, contre aucune pour les autres mots. Pas convaincu? Allez, restez avec moi. Passons au *top 100*.

Décennie	Nombre de chansons dans le *top 100* dont le titre contient les mots *baby, daddy, mommy, mamma, mom* ou *dad*	Nombre de chansons dans le *top 100* dont le titre contient les mots *husband, wife* ou *partner*
1950-1959	43	1
1960-1969	208	5
1970-1979	122	3
1980-1989	41	0
1990-1999	31	2
2000-2003	22	0
Total	**467**	**11**

Résultat: 467 à 11. Si ça, ça ne vous donne pas au moins un petit soupçon de croyance, brûlez-moi ce livre au plus vite. Et fermez la radio.

Définitivement, les artistes nous ont laissé de bons indices. Des indices clairs.

Les dieux sont en amour

Voyons, à l'autre bout du spectre, ce que les dieux en pensent. Que vous aimiez la religion ou non, les écrits (pas les organisations) nous ont toujours laissé des pistes dignes d'être étudiées. Même en ce qui a trait aux couples.

Dans la plupart des traditions religieuses, anciennes ou modernes, Dieu est souvent représenté non pas par un vieil homme barbu mais plutôt par un couple curieusement bien équilibré. J'oserais même dire étonnamment bien alterné. Il y en a tout plein, des couples, dans toutes les cultures et à toutes les époques, pour représenter la gloire religieuse. Toujours des couples où la notion Mère-Fils ou Père-Fille est très présente.

Dans les cultures hindoue et chrétienne, qui sont parmi mes favorites, on a affaire à un Parent divin et à un Enfant matérialisé, incarné. Par exemple, les textes hindous parlent sans détour du dieu Shiva et de sa «femme» Shakti (qui porte d'ailleurs plusieurs autres noms, comme Kâlî, Parvati, etc.) en pleine connexion sexuelle (la révolution sexuelle, eux, ils l'ont faite il y a longtemps). Je me suis régulièrement trouvé dans des temples où tout le monde prie, tenez-vous bien, au pied de l'infiniment divin pénis de Shiva – le Shivalinga.

Mes divinités préférées sont Shiva et Kâlî (Kâlî est la version la plus intense de la femme de Shiva). Ces derniers représentent l'alternance parfaite entre Mère Kâlî qui danse sur Fils Shiva ou Père Shiva qui danse devant Fille ou Mère Kâlî.

Et les hindous en ont tout plein. (Minute, papillon! N'allez pas croire qu'ils prient plusieurs dieux. Pas du tout. Ils utilisent tout simplement des noms différents selon la qualité de dieu à laquelle ils s'adressent, c'est tout. Par exemple, pour les hindous, il y a des milliers d'entités divines dont les plus connues sont Brahmâ, Vishnou et Shiva, trois facettes d'un seul et même dieu appelé Brahman – je sais, c'est mêlant, mais bon). C'est tout comme si, lorsque vous priez Jésus pour qu'il soit votre ami, vous l'appeliez Jo, et lorsque vous le priez comme guide, vous le nommiez Jéhovah. (Hou, terrain glissant! J'adore ça.)

Dans l'hindouisme par exemple, on nous présente des paires d'amoureux comme Shiva-Kâlî, Vishnu-Lakshmi, et Brahmâ et Sarasvatî. Et que dire du troublant couple Râdhâ-Krishna?

Du côté chrétien, il y a de plus en plus de débats, depuis la sortie du fameux *Da Vinci Code*, sur le couple qu'auraient formé Jésus et Marie-Madeleine. J'adore Jésus quand je lui permets d'être au bras d'une femme divine comme Marie-Madeleine. Qu'il faut de l'amour à cette Mère-femme pour avoir accepté d'être considérée comme une prostituée pendant des milliers d'années pour la gloire de son Fils-mari !

Pour les chrétiens, le signe de croix est un symbole d'amour divin entre le Père et le Fils, et le Saint-Esprit semble être le fameux lien entre les deux. Peut-être qu'un jour, le signe de croix sera : « Au nom des Parents, des Enfants et du Saint-Esprit. » Qui sait ?

Pour les hindous, il y a quelque chose d'assez similaire à la notion de signe de croix, puisqu'on a Shiva, qui représente le côté masculin de l'amour, et Shakti, qui représente le côté féminin, lequel est placé en mode terrestre sous forme d'énergie (d'ailleurs, pour eux, tous les humains sont dits de fréquence féminine. Tu parles d'une victoire pour le mouvement féministe. Mesdames, nous sommes en réalité tous des femmes ! Ouch !)

Tous les êtres humains seraient donc des femmes-Enfants, c'est-à-dire des fréquences matérielles en croissance (d'où le stade Enfant), qui doivent évoluer pour redevenir pleinement conscients et retourner à Dieu.

L'aventure du retour à Dieu

Les étapes de développement spirituel des deux cultures, chrétienne et hindoue, ont des similitudes, puisque chez les chrétiens, le Fils essaie aussi de retourner à la droite du Père. Remonter vers le couple ultime qui est le couple Parent-Enfant fait partie de l'évolution spirituelle hindoue et chrétienne. Dans les deux cultures, le couple serait donc une piste accélérée pour le retour au paradis.

C'est aussi le cas dans l'univers plus zen des bouddhistes et celui des yogis de Shankârâcharya. Par exemple, l'énergie féminine, connue sous le nom de Kundalini, Shakti ou Kia (non, non, pas la voiture), est symbolisée par un serpent enroulé trois fois et demie autour de lui-même, situé au bas de la colonne vertébrale.

Cette énergie féminine d'Enfant doit remonter ou aider l'Enfant à remonter vers son seul et unique partenaire : **la fréquence divine masculine.**

Même dans des cultures fondamentalement étrangères à la nôtre, on retrouve l'histoire de l'Enfant qui essaie d'établir un couple en retournant à son Parent.

Prenons par exemple le couple Vishnu et Lakshmi. Pour les hindous, Vishnu, c'est l'équivalent de Dieu au sens large, c'est celui qui gère tout ce qui est créé. Sa femme-Mère, Lakshmi, c'est l'argent, la richesse, l'abondance. Elle est aussi son Enfant-Fille, c'est-à-dire l'abondance sur terre. Le mot Lakshmi se traduit même par « dollar » dans cette culture. Imaginez, on ose même appeler la Mère divine « dollar ». C'est tout comme si on appelait la Vierge Marie « la 10 piasses ». « Je vous salue 10 piasses, pleine de *cash*, vous êtes bénie entre toutes les monnaies, et Jésus, le fruit de vos intérêts, est béni. Sainte devise, mère des finances, priez pour nous, cassés, maintenant et à l'heure de notre faillite. Amen. »

Que nous sommes bornés ! Vishnu, quant à lui, est marié à sa Fille-femme qui représente l'argent.

Ne vous découragez pas, nous avons quelque chose de similaire dans la culture chrétienne. J'ai toujours trouvé ça curieux que les premières syllabes de Marie-Madeleine forment Ma-Ma, et que Jésus l'ait rencontrée alors qu'elle était prostituée.

Dans les bras des prostituées, fréquemment, des hommes deviennent (ou essaient de devenir) Enfants. Au début, Jésus traite lui-même Marie-Madeleine comme une Enfant. Rappelez-vous : il lui pardonne, la protège, l'empêche de se faire lapider. Mais la tradition, vraisemblablement pour des raisons politiques, la place dans une position de Mère dans le rôle d'une prostituée. Il y a une drôle de corrélation secrète là-dedans. Des indices subtils d'une relation Mère-Fils. Vous ne trouvez pas curieux que Jésus lui-même choisisse de réapparaître en premier aux yeux de Marie-Madeleine ? Comme pour dire : « Eh, M'man, j'ai réussi ! »

Shiva et Shakti

Shakti (ou Kâlî), la Femme avec qui Shiva est en relation sexuelle, est elle aussi son Enfant-Fille incarnée qui dort dans le serpent du bas. Alors que lui est au ciel. Entre le Père et le Fils du signe de croix, et entre le Père et la Fille dans le symbole de la relation sexuelle, c'est le même lien. Dans les deux cas, on indique une communion, une fusion. Les indices sont frappants. Fouillez pour trouver davantage.

Des chansons du Billboard jusqu'aux chants divins, les messages sont souvent cachés, mais si on fouille un peu, on trouve. Et pour le moment, les conclusions en faveur du symbole ∞ sont passablement cohérentes.

Je vous invite, au cours des prochains mois, à mettre à l'épreuve les notions du cycle de rinçage, tant en écoutant vos chansons favorites qu'en observant les représentations divines.

Quelques situations de la vie courante à la lumière du symbole ∞

Poursuivons notre raisonnement par analogie.

À l'aide du symbole ∞, analysons les cas suivants : les amants, les couples de vedettes, les grands créateurs et les conflits de famille ; je pousserai même l'audace jusqu'à tenter d'expliquer de graves comportements déviants tels que la violence et la pédophilie. Un symbole digne de ce nom n'en serait pas un si on ne le soumettait pas rudement à l'épreuve.

Les amants : traumatisme de l'infidélité

Les amants. Les fameuses maîtresses. Les piquants *sugar daddies*. Je ne vous apprendrai pas grand-chose en disant qu'un très grand nombre de personnes en couple (probablement la majorité) ont eu, à un moment ou un autre, une relation extraconjugale ou extra-couple. C'est depuis toujours l'un des plus importants déclencheurs de séparations. « Quoi ? T'es allé te laver dans une autre machine ! Je te quitte. C'est la dernière fois que tu me passes un savon. »

Pourtant, n'y a-t-il pas des raisons profondes, autres que celles de vouloir faire mal à l'autre ou de le berner, autres qu'un désir sexuel ou un désir d'aventure, pour justifier ce phénomène si répandu ? Le cul, la liberté et l'aventure, c'est tout ? Je n'en crois rien. Trop de gens sincères vivent ce pattern pour que ce soit le cas. Redessinons le symbole.

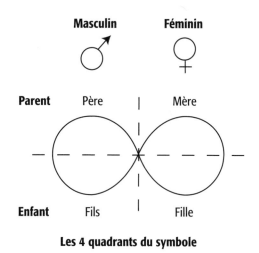

Les 4 quadrants du symbole

À l'aide de l'∞, essayons de voir ce qui se passe dans le cas des amants. Cherchons d'abord ce qui *crée* le désir d'un amant ou d'une amante et mène à sa concrétisation.

Avez-vous remarqué que, souvent, dans le cas des hommes qui prennent une maîtresse, ce qu'ils cherchent, c'est beaucoup plus une Mère qu'une blonde ? Et les femmes, ne se retrouvent-elles pas souvent dans les bras d'un Père protecteur, comme le dit l'expression consacrée *sugar daddy* ?

Ce qui déclenche les phénomènes d'infidélité est une carence énergétique, un manque de jus (pas de jeu de mots, s.v.p.), un manque d'énergie. « Pierre, tu vas trop loin ! Voyons, à croire que mon écœurant de mari va se taper des danseuses parce que le pauvre petit est en carence énergétique ! » Du calme, attendez avant de vous choquer. Respirez, inspirez, expirez.

Je comprends votre réaction, mais essayez quelques secondes de voir la situation sous un autre angle. À moins que vous ne préfériez tout recommencer pour la sixième fois et vous trouver une autre machine à laver ?

Au chapitre 2, nous avons étudié les différents types d'énergies échangées dans le cycle dynamique du symbole :

1. Énergie physique sous forme de sexe et de sensualité.

2. Énergie mentale sous forme de fierté, de reconnaissance par l'autre et d'attention à l'autre.

3. Énergie spirituelle sous forme de paix de l'esprit pour l'Enfant, qui est dégagé des soucis ; il a foi, on lui permet de s'appuyer totalement sur un autre en toute confiance ; donc, zéro responsabilité.

Imaginons un scénario débutant ainsi : une jointe en position Enfant sur le symbole, donc dans le coin inférieur droit. Elle est en pleine explosion de créativité dans sa carrière, subissant beaucoup de pression, parce qu'elle développe et lance sous peu son nouveau centre de santé, avec massages, traitements variés, consultation. Plus de 15 employés à superviser et des tonnes de factures à couvrir. Quel stress ! Mais quelle stimulation !

Au même moment, son joint est lui aussi en plein élan créatif, en train d'écrire un livre. (Oups! Ne t'inquiète pas, chérie, ça n'arrivera pas… en tout cas pas avant l'an prochain au moins.) Il est lui aussi, *en même temps qu'elle*, en position d'Enfant, dans la partie inférieure gauche du symbole.

Ils sont tous les deux *simultanément* (ça, c'est le démon) à travailler à leur rôle de vie.

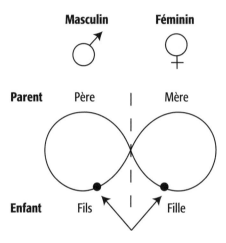

Position des deux personnes en train de créer

Le problème saute aux yeux, non? Il n'y a pas de Parents. Que deux Enfants abandonnés, seuls. Feriez-vous ça avec des enfants de chair? Ni l'un ni l'autre, au moment où chacun en a le plus besoin, ne reçoit suffisamment d'énergie parentale de protection, d'attention, de sécurité, de confort.

La suite est prévisible: comme par hasard, *spontanément*, se pointe dans les parages de chaque Enfant une autre personne au spin parental requis, sans nécessairement qu'il y ait recherche d'avantages ou de mauvaises intentions.

Bang! Soyez certain que ces énergies complémentaires vont se repérer et instantanément s'attirer. Comme une mère ou un père incapable d'avoir un enfant naturel qui trouverait sur son perron un bébé de deux semaines.

Résumons : **le manque de présence parentale fait en sorte que se pointe un amant d'allure parentale** (toujours dans le cadre de la dynamique du cycle, on ne parle pas des parents biologiques des membres du couple ; les parents biologiques ne peuvent tout simplement pas apporter toute l'énergie manquante).

Si, dans les parages de la femme-Enfant se pointe, par hasard ou non, une personne d'énergie parentale, un amant qui soutient, soulage cette capacité de créer, qui libère des soucis et des responsabilités, **l'attraction sera instantanée.**

Cette attraction pourra ou non conduire à une rupture du couple initial, selon la position du partenaire.

Si ce partenaire est lui aussi en position Enfant-créativité, la découverte de cette infidélité va *automatiquement* provoquer une rupture. Pourquoi ? Parce qu'il aura perdu toute chance de retrouver le rôle Mère dans sa partenaire. Pas de Parent disponible pour réchapper le couple de la rupture.

À l'inverse, dans certaines situations, une amante ou un amant apparaît, et le couple continue quand même. Dans la plupart de ces cas, c'est que la personne qui apprend la situation d'infidélité n'est pas en position de création (position Enfant). Elle était plutôt en position parentale, où la notion d'amour inconditionnel est plus présente.

Quand celui qui est trompé est en situation parentale, il est plus en mesure de pardonner. Et encore, on parlera plus de compréhension que de pardon. Dans ce cas, la notion d'infidélité est moins massacrante pour le couple que si les deux sont en train de créer. L'infidélité se présente alors comme un révélateur, un symptôme que l'énergie parentale n'est pas suffisante. On aboutit alors à un « Pardon. On essaie une autre fois ? »

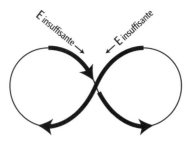

Énergie parentale insuffisante

Tout est question d'**énergie.** Si l'énergie transférée est trop faible, la carence sera vraisemblablement comblée par un Parent extérieur. Sauf si (pire, selon moi) l'Enfant détruit son rôle de vie par morale ou par souci de maintenir artificiellement son couple, **au prix de se détruire progressivement sur toute une vie** (à cause d'une fidélité forcée).

La carence énergétique sera donc temporairement comblée par quelqu'un d'autre. Quand l'énergie est insuffisante, peu importent les raisons, celui qui est en manque veut combler la déficience et va chercher l'extra ailleurs, souvent inconsciemment.

Deux options sont possibles à ce moment-ci. Ou bien le partenaire qui découvre la situation est en position parentale et choisit de fournir l'énergie manquante : alors l'infidélité cesse rapidement parce que la machine à laver actuelle est déjà beaucoup plus efficace, plus rodée. Ou bien il est en position Enfant et part lui aussi à la recherche d'une autre source d'énergie.

La question d'infidélité relève d'un cycle où le positionnement des deux partenaires est déphasé ou mal synchronisé. Le *timing* n'est pas bon. Pour corriger ces défectuosités, **il faut ajuster le synchronisme.**

L'infidélité est une histoire de mauvais *timing,*
de manque de synchronisme.

Je parle évidemment ici des vrais couples. Pas des amourettes ou des relations qui n'ont pas encore franchi les premières années. Ça me fait toujours rire lorsqu'une personne me dit que son chum ou sa blonde est infidèle après six mois de relation. « Mais non, que je réponds, il ou elle teste les machines à laver pendant que la garantie est encore bonne. »

Dans une relation stable, le prix à payer pour une réaction démesurée à l'infidélité est beaucoup trop élevé pour qu'on la cautionne. Si votre machine à laver faisait sauter un fusible et que vous ou votre joint alliez faire le lavage chez le voisin quelque temps, ça ne justifierait pas de larguer la machine à laver pour tout recommencer. Imaginez seulement les coûts de société d'un tel gaspillage. Nous manquons radicalement d'individus nettoyés qui jouent leur rôle de vie dans ce monde.

Si vous avez déjà vécu ou même vivez présentement une situation similaire, et que vous sacrez tout ça là après 30 ans de vie commune pour une histoire de fin de semaine, vous avez besoin de l'autre plus que jamais pour poursuivre votre *propre* nettoyage.

À mon avis, il faut être aveugle ou autruche pour blâmer et juger toutes les situations d'infidélité qui, entre vous et moi, sont fort répandues. Elles sont partout, qu'elles soient connues ou non. Est-ce qu'il faut vraiment invoquer la morale, abandonner ses enfants, ses responsabilités, ses biens, ses promesses et tout le reste, ou est-ce qu'on ne devrait pas trouver les raisons beaucoup plus fondamentales de la crise ? Il faut peut-être s'intéresser à la cause et pas seulement poser le pansement sur le bobo.

Mon modèle n'excuse pas les aventures. Mais il évite aussi l'opposé, qui est de se mettre la tête dans le sable, de dire que c'est de l'adultère, du péché, que tous les hommes sont croches, que toutes les femmes sont rapaces, etc. Si le comportement est si répandu, je propose de le regarder comme un cycle déréglé plutôt que de dramatiser. Un Enfant a absolument besoin d'attention. Faites-en l'expérience : vous n'avez pas besoin de laisser vos enfants seuls à la maison pendant trois mois pour que la voisine maternelle vienne cogner à la porte (dans le film *La marche de l'empereur*, quand un bébé est laissé tout seul, une mère s'improvise bien vite).

Nous ne sommes pas ici en situation d'infidélité mais en situation de faim, d'appétit, de manque, de carence, de déficience énergétique.

> **L'infidélité est souvent une histoire de carence énergétique. Les amants, les *sweet mammas* et les *sugar daddies* n'arrivent pas avec de l'amour, mais avec de l'énergie.**

Généralement, c'est lorsque se manifeste cette carence, au moment critique d'une vie, quand une personne a beaucoup à créer, que quelqu'un se pointe avec un plateau de nourriture et livre à domicile. Ces externes qui arrivent ne peuvent pas, à mon avis, remplacer le partenaire de la relation amoureuse qui est là depuis plusieurs années.

Le cas échéant, il faudrait alors tout recommencer, et c'est d'autant plus grave après une période de cinq ans ou plus. Le cycle de rinçage avec la nouvelle personne ne sera pas là au début. Entrechoquement, coup de foudre, tomber en amour : le calvaire reprend pour les premières années, le gros frottage de taches va se remettre en œuvre, jusqu'au jour où on va rechercher l'alternance du cycle Parent-Enfant.

Gros prix à payer pour être asynchrones, non ? Si un de vos enfants allait manger chez le voisin parce qu'il finit ses activités parascolaires à 19 h et que vous continuez à servir le souper à 17 h quand même, diriez-vous qu'il est infidèle ? Voyez-vous maintenant pourquoi les relations d'infidélité sont en croissance depuis la simultanéité des carrières dans les couples modernes ?

Je ne fais pas exception à la règle. Il m'est aussi arrivé, à des époques de grande création, de voir se pointer dans ma vie des sources externes d'énergie maternelle. Heureusement (pour moi), Jessy était alors en position Mère. Et comme «je l'avais écrit dans la face», me disait-elle, ce n'était pas très long qu'elle découvrait le pot aux roses et me reprenait dans ses bras… après m'avoir bien engueulé, évidemment. Pourquoi manquais-je d'énergie malgré sa position maternelle? Vous n'avez jamais eu, vous, des enfants de chair qui bouffaient toute votre énergie? Imaginez nourrir en énergie, en même temps, quatre bambins et un maniaque comme moi. Pour les amateurs de recherches poussées et d'études avancées, ce serait un excellent sujet pour un doctorat.

À l'autre extrême, la nouvelle mode est celle de la polygamie, qui va de pair avec la prétention que le mariage serait désuet. Là-dessus, je ne suis vraiment pas d'accord. Je ne prends pas souvent position, mais là, là-dessus… je suis vraiment en très grand désaccord.

> **Attention à la polygamie. Je ne connais pas encore
> de tissus qui ne se salissent pas. Même dans
> les communes, il faut faire le ménage!**

Je ne connais pas beaucoup de maisons où on dit qu'à l'époque moderne, on n'a plus besoin de laver son linge. Je n'ai pas encore trouvé de vêtement qui n'a pas besoin d'être lavé.

Les seules personnes qui peut-être n'ont pas à se nettoyer, ce sont celles qui n'en ont plus besoin; ce sont, entre autres, les vrais gourous, hommes et femmes. Ceux-ci sont devenus des êtres tellement purs qu'ils ont retrouvé le couple parfait à l'intérieur d'eux-mêmes. Ce sont les seules personnes qui seraient capables d'avoir de multiples partenaires. Et, justement, comme elles en sont capables, elles n'en n'ont plus ni l'intérêt ni le besoin.

Le fameux phénomène de l'abstinence n'est pas une fin ni une destination. On ne *recherche* pas l'abstinence, on y arrive spontanément le jour où le linge est lavé. Il n'y a pas beaucoup de monde qui trouve du linge qui n'a pas besoin d'être lavé.

Voilà un autre formidable paradoxe de la vie : le jour où on est capable de faire quelque chose pour vrai, on perd l'intérêt de le faire.

J'ai vu ce phénomène à l'œuvre chez ceux qui ont ces fameux pouvoirs magiques, les *siddhis*, qui se développent après des années et des années de pratiques spirituelles particulières. « Comment, Pierre, ça existe pour vrai ? » Bien sûr que ça existe ! Est-ce que vous les verrez un jour ? Probablement pas. Parce que le jour où les gens sont capables d'accomplir ces actions hors du commun, ils perdent l'intérêt de les effectuer. Le jour où vous êtes capable de bâtir un château de sable, vous n'avez plus envie de jouer dans le carré de sable.

De plus en plus de gens pensent que le couple n'est plus nécessaire, que le couple et sa version extrême, le mariage, pourraient être remplacés par une philosophie qui dit qu'on va chercher son énergie n'importe où à mesure qu'on en a besoin. Le défi, avec ça, c'est qu'on prend temporairement n'importe quelle machine à laver.

> **Dire que le mariage est désuet est une belle excuse pour ne pas se nettoyer.**

On a un exemple de ça, dans notre société. C'est la buanderie du coin, quand on n'a pas de laveuse chez soi.

Combien de personnes disent que ce serait plus pratique de partir avec des poches de linge sale sur le dos pour aller laver son linge au coin ?

Vous, avec une machine à laver à la maison, allez-vous souvent faire votre lavage à la buanderie en disant : « Maudit que c'est *l'fun* de faire changement et d'aller laver son linge ailleurs ! » Hein, faites-vous ça ? Évidemment que non. Seuls ceux qui n'ont pas de machine à laver font ça. Et même dans une buanderie, ils mettent chaque morceau dans une seule machine à la fois.

> **Habituellement, ceux qui défendent la thèse
> de la désuétude du couple n'ont pas encore trouvé
> leur propre machine à laver.**

D'accord, d'accord, je dois admettre que parfois, si j'avais deux machines à laver chez moi, je laverais mon linge plus vite. (Oups! Ça sent encore le canapé pour ce soir.)

Les couples de vedettes

Déplaçons-nous à Hollywood, paradis du cinéma et des acteurs, de personnalités connues, d'artistes. Hollywood, là où les couples font un sport national du découplage, recouplage, racolage, divorçage, séparatage, mémérage, remariage, redivorçage, manque de ménage...

Qu'est-ce qui se passe? C'est les caméras qui ont cet effet-là? Ou les vedettes sont payées par les tabloïds pour se marier et se séparer? Ne serait-ce pas plutôt une simple conséquence du milieu, du genre «quand tu fais partie du monde des artistes, du cinéma et de la télévision, tu ne peux pas avoir une vie de couple qui dure»?

Rares sont les couples de vedettes hollywoodiennes qui semblent capables de paraître ensemble plus de trois fois de suite dans un journal à potins. Comment ça? Facile à expliquer, avec le symbole ∞. Tenez, essayez par vous-même, avant de lire la réponse proposée. Prenez un couple de vedettes de votre choix, faites un ∞ et positionnez-y les deux vedettes. Où sont-elles sur le symbole? Est-ce qu'elles s'équilibrent? Est-ce qu'elles se nourrissent?

Les deux vedettes du couple sont vraisemblablement simultanément en position Enfant. Après tout, elles sont toutes les deux en train de *jouer* des rôles. Amusez-vous à prendre vos couples favoris et à remonter le temps et leurs relations amoureuses. Comptez les ruptures. Trouvez le moment précis de chaque rupture. Que faisaient-ils au moment de la rupture – quels contrats?

N'étaient-ils pas tous les deux en plein tournage de film ou en tournée de spectacles? tous les deux en position Enfant en même temps? tous les deux en carence parentale en même temps?

Dans l'univers cinématographique, ça semble encore pire, parce que primo, un tournage cinématographique exige une énorme quantité d'énergie et, secundo, pendant l'absence parentale de l'autre, il y a tout plein de superbes personnes sur le plateau, avec qui l'acteur passe tout son temps. Les probabilités d'en croiser une du spin opposé sont grandes.

Quand deux artistes travaillent tous les deux en même temps au plus grand rôle de leur vie, ils manquent souvent d'énergie. Les Enfants se retrouvent seuls à la maison du plateau de tournage. D'autres Parents se pointent, naturellement. Parfois, quand le réalisateur du film dit *Cut!*, il y a plusieurs choses qui coupent. Pas juste le film.

C'est vraiment trop simpliste de dire que pour ces gens-là, c'est juste une histoire de fesses. Pourquoi est-ce que ça semble être plus fréquent chez les acteurs? Parce qu'ils tombent sur un plateau de tournage avec des personnalités qui les font quotidiennement jouer et rire et qui les accompagnent pendant qu'ils sont en plein dans leur rôle de vie. Qui leur apportent l'énergie à laquelle ils carburent.

L'idée n'est pas non plus de justifier quelque forme que ce soit de relation incontrôlée, tant au niveau du sexe que de n'importe quel autre aspect d'une relation. Je tente plutôt de comprendre des comportements très répandus en cherchant une explication plus approfondie que «c'est un écœurant, un salaud» ou «c'est une salope, une ratée».

Les grands créateurs et leurs partenaires

Commencez-vous à trouver le symbole ∞ utile?

Appliquons le modèle aux personnes, hommes et femmes, qui ont le plus contribué à l'avancement de la race humaine. La plupart, en tout cas un grand nombre, ont quelqu'un de solide derrière elles. Ne dit-on pas que derrière chaque grand homme il y a une grande femme et vice-versa ? Il faudrait commencer à accepter ce que ça signifie vraiment.

En examinant la vie de ces grands créateurs, on trouve principalement deux tendances : ceux qui ont eu quelqu'un de très solide derrière eux, qui les protégeait, les couvait ; et ceux qui, en l'absence de ce quelqu'un, ont eu des habitudes sexuelles extrêmes, déviantes, voire maniaques.

C'était récemment le 25ᵉ anniversaire de la mort de John Lennon. Un créateur magnanime, génial. J'ai justement une photo pour vous qui va, d'un coup, vous faire réaliser la force du symbole ∞. Vous aimez John Lennon, *right*? *Imagine all the people...* Qui oserait contester le génie de John Lennon ?

Allez à votre ordinateur et faites une recherche d'images avec les mots clés suivants : john lennon, yoko et rollingstone.

Quelle photo voyez-vous ? John, nu et recroquevillé en fœtus sur sa Mère-femme Yoko. Et vlan ! (Couverture du magazine *Rolling Stone*, 22 janvier 1981, crédit à Annie Leibovitz pour la spectaculaire photo qui dit tout.) Yoko, la femme égale de John ? Vous voulez rire. C'est sa Mère ! Sa Mère qui ne le quittait pas d'une semelle. Si elle n'était pas une Mère pour lui, je ne sais pas ce qu'elle était.

Sur cette photo, voyez-vous un comportement sexuel déviant ? Bien sûr que non. Merci, Maman Yoko !

Avant que quelqu'un puisse pleinement libérer sa créativité, souvent il faut qu'il y ait eu quelques cycles. Parce que tant que l'un a une souffrance à exprimer, l'autre ne peut pas devenir pleinement Enfant. Ultimement, tout le monde peut devenir un génie. Mais seulement si le rôle de Parent est rempli par l'autre *à temps plein* (comme Yoko l'a fait pour John). Selon moi, tout le monde pourrait à sa façon devenir une ou un John Lennon en présence de son ou sa Yoko. Une Yoko infiniment présente.

Voici d'autres exemples frappants du succès du modèle Parent-Enfant dans le couple :

Napoléon et Joséphine, ça vous dit quelque chose ? Savez-vous quand Napoléon a frappé son Waterloo ? N'est-ce pas quand il s'est éloigné de Joséphine ?

Et que penser d'une des plus illustres figures de chef spirituel de tous les temps, **Moïse,** qui a passé 40 ans dans le désert à se faire aider par Maman Cippora pour réussir à lever le serpent sur le bâton (clin d'œil à la transmutation sexuelle ; voir *Demandez et vous recevrez*). *Quarante* ans avant qu'il ne soit capable de partir avec son grand bâton pour trouver son rôle de vie ! Quarante ans de ménage. Et vous pensez tout régler en quelques mois ? La prochaine fois que vous serez pressé, pensez à Moïse. Quel travail il a accompli par la suite ! Il avait besoin d'un amour maternel derrière lui pour réussir ça.

« Hey, monsieur l'homme, n'as-tu que des exemples masculins d'Enfant avec une Mère qui le supporte ? » Du calme, madame. Vous avez un des plus beaux exemples inverses juste sous les yeux : Céline et René. Quel merveilleux exemple d'amour inconditionnel !

Déjà, j'ai dit que l'amour inconditionnel ne peut exister qu'entre Parent et Enfant. Admettez que René est un bel exemple d'amour paternel, protecteur et sécurisant pour sa Céline. Admettez que ces deux-là n'ont rien d'un couple déséquilibré. Admettez que Céline n'aurait jamais libéré tout ce génie sans René.

Voyons maintenant des génies qui n'ont pas trouvé le couple avec Parent inclus. Bienvenue au festival de la baise !

Oscar Wilde, un des plus grands poètes de tous les temps, avec sa ribambelle de partenaires sexuels.

Ernest Hemingway? Un des meilleurs écrivains de l'histoire américaine, avec ses quatre maîtresses et une fin de vie tragique au moment où sa femme a appris l'existence de celles-ci. Lisez sa biographie: il s'est tiré deux balles dans la tête.

La fin de ces Enfants seuls est presque toujours tragique.

De la part des grands créateurs qui ont trouvé un amour parental, on a eu une myriade de superbes œuvres à la John Lennon, à la Moïse, à la Céline.

Du côté de ceux et celles qui n'ont pas eu de partenaire parental, qui se sont nourris à gauche et à droite de diverses «piles», leur œuvre créatrice est morte le jour où l'accès aux piles a été coupé. Ou encore quand le poids des disputes avec le partenaire de vie, le joint officiel, était trop lourd à porter. Quel dommage de perdre de si grands créateurs à cause d'une orchestration douteuse du contexte dans lequel ils évoluent pour réussir.

Ah oui, en voici un autre:

Alexandre le Grand, le plus grand conquérant de tous les temps, qui essayait d'avoir sa mère toujours à côté de lui. Et tout ce qu'il a réussi à trouver, finalement, c'est un partenaire masculin efféminé pour compenser. Quand c'est devenu trop problématique, il a tout sacré là. Il s'est fait blesser sur le champ de bataille, mais quelle est la véritable cause? Les perpétuels conflits avec ses partenaires sexuels l'ont épuisé.

Les grands conquérants étaient tous nourris d'une puissante pile, un mot qui semble un peu limité, mais qui traduit bien ce que les grands créateurs recherchent: une réserve d'énergie, de protection.

Retirez la source de courant et, parfois, comme dans le cas d'Hemingway, le jeu est si complexe à gérer que le créateur préfère cesser de créer, et même de vivre. Si on n'a pas l'énergie pour jouer son rôle de vie, on préfère souvent ne plus jouer à la vie.

À vous de trouver d'autres exemples. Au moins trois de chaque type : trois couples créateurs-Parents qui ont bien fonctionné, et trois créateurs-Enfants-seuls qui ont fini leur vie tragiquement par manque d'énergie et d'amour parental. Vos propres conclusions auront beaucoup plus d'impact que tout ce que je peux vous dire.

Je ne peux pas parler d'énergie parentale sans glisser un mot sur ce qu'on a toujours appelé «le plus vieux métier du monde».

OK : tout va plus vite de nos jours, d'ac ?

Les deux parents travaillent simultanément à leur carrière, d'ac ?

La nourriture apporte moins d'énergie que jamais, d'ac ?

L'environnement ne nous nourrit plus autant qu'avant, d'ac ?

Nous nous faisons sucer le jus par la technologie et ses vibrations, d'ac ?

On se divorce plus que jamais, d'ac ?

Le bruit est partout, d'ac ?

Et vous croyez que le plus vieux métier du monde n'est plus nécessaire ? Hel-looo ! Le plus vieux métier du monde n'est pas du tout en voie de disparaître. Au contraire, je pense qu'il est en explosion.

Le plus vieux métier du monde n'est pas un métier sexuel. C'est un métier parental.

Bienvenue à l'ère des maîtresses et des gigolos. Une carrière qui a de l'avenir. Sarcastique, je le suis peut-être, mais ça vient avec notre modèle de société où chacun veut devenir indépendant financièrement. Parfait, tant qu'à faire, il nous faut des Mères et des Pères indépendants.

Il est amusant de remarquer que le mot « maîtresse » s'applique aussi à cette personne que les enfants rencontrent à l'école, et à qui ils se confient, et qui les prend dans ses bras, les écoute et les guide. J'ai eu plusieurs conversations avec des effeuilleuses qui m'ont presque toujours raconté la même histoire : leurs clients, même s'ils ont souvent deux fois leur âge, veulent se faire dorloter dans les bras d'une Mère.

Voulez-vous bien me dire ce que les hommes vont foutre pendant trois ou quatre heures dans un bar de danseuses nues ? Et dites-moi aussi pourquoi leurs femmes, leurs blondes tolèrent ça ? Ils n'y vont pas pour le sexe (je ne parle pas des ados qui cherchent à se découvrir, je parle d'hommes qui ont une vie, une famille, etc.). Clairement, le sexe, ils pourraient le trouver ailleurs. Non. Il faut les voir parler des heures et des heures avec ces Mères du moment.

Et comme ces femmes-Mères ne jouent le rôle que pour quelques minutes, la menace n'est pas grande… Vous me suivez ? Encore une question d'énergie.

Le plus vieux métier du monde n'est pas du tout celui de prostituée : c'est celui de Parent ! Plus on aura de cons-joints qui ont des carrières simultanées, plus le marché des Pères adoptifs et des Mères adoptives se développera.

Je sais, vous allez me dire que vous avez besoin de vos deux salaires pour subvenir aux besoins de la famille. Sauf qu'avec cette attitude, vous finissez souvent avec un seul salaire, après la séparation. Je sais que je suis direct, mais regardez votre vie et celle de vos voisins. Trouvez-vous que le modèle fonctionne ? Peut-être que si l'un de vous deux pouvait vraiment exprimer son génie sous la protection et l'amour parental de l'autre, peut-être (j'oserais dire *certainement*) qu'un seul revenu issu de ce niveau de génie et de performance serait largement supérieur à vos deux maigres salaires combinés.

Vous ne me croyez pas? Je m'en fiche. Mais avant de me juger, expérimentez. Je ne vous l'ai pas assez dit dans *Demandez et vous recevrez*? Pendant que vous luttez pour des carrières simultanées, le milieu de l'Internet et du clavardage, avec caméra s.v.p., est en expansion, rendant l'accès aux Mères et aux Pères adoptifs plus facile que jamais. Quelqu'un prend des notes quelque part, *please*?

Les conflits de famille

Poursuivons nos applications du cycle de rinçage et de son symbole de l'∞. Passons aux conflits de famille.

Les plus fréquents suivent l'arrivée des enfants. Pourquoi? Je suis certain que vous avez des exemples en tête. Alors je vous le redemande, *pourquoi*?

Trouvez une réponse. Assoyez-vous cinq minutes et trouvez une réponse en utilisant ce que vous savez du symbole que nous avons vu… Alors ça y est? C'est fait? Allons-y.

Qu'arrive-t-il pendant la période où les aînés, fille ou fils, ont entre 3 et 18 ans (ou l'âge où ils quittent le foyer familial)? (Avant trois ans, ça ne compte pas: les enfants ont tellement de pureté qu'ils nourrissent l'entourage de leur simple présence.) Que perd le parent biologique pendant cette période? **Bingo: il perd l'attention de son époux-Parent.**

Pire encore, c'est souvent lorsque les enfants grandissent que les parents ont le plus besoin d'énergie, parce qu'ils sont au sommet de leur carrière ou en plein lancement d'entreprises, de projets, d'idées créatives. Ils ont à ce moment besoin du maximum d'énergie parentale de leur amoureux. Sauf que leur amoureux passe des nuits blanches, fait faire les devoirs, va reconduire les enfants, etc.

> **L'arrivée des enfants marque un partage délicat de l'énergie parentale.**

Ce n'est pas un conflit mère-fille biologique ni un conflit père-fils biologique qui s'installe, c'est un conflit entre deux Enfants, un conflit pour l'attention du Parent. Ouvrez bien vos oreilles : toutes les familles sont monoparentales. Il n'y a jamais deux Parents. Oh! Ça prend un peu d'alcool pour avaler ça. Allez-y, je vous attends.

Quand ce type de conflit survient, indique-t-il vraiment la présence de haine entre une mère et sa fille biologique? Entre un père et son propre fils, son propre sang? Voyons donc! Je ne peux pas accepter ça.

Rappelez-vous le cas d'Alexandre le Grand. Il a vécu un grave conflit avec son père, le roi. Ce conflit a peut-être été déclenché par un important manque d'attention de sa mère pour son mari au moment où celui-ci avait d'importantes décisions politiques à prendre. Il faut croire que le pouvoir énergétique d'un harem a des limites.

Le célèbre humoriste Yvon Deschamps y allait dans les mêmes termes : « À quoi ça sert d'avoir tout lu, d'avoir tout vu, tu peux pas l'faire de toute façon parce qu'y a trop de monde dans la maison. » Si vous n'avez jamais écouté ça, franchement, il vous manque quelque chose.

Réfléchissez bien avant de choisir le moment de vous lancer dans le plus grand projet créatif de votre vie. Votre joint est-il pleinement là pour vous servir de Parent? Vos enfants, les percevrez-vous comme des obstacles à ce moment précis? Votre famille peut-elle poursuivre cette dangereuse piste de carrières simultanées pendant que vos enfants sont au foyer? **Faites un choix éclairé.**

Dans la maison, ultimement, toutes les autres personnes sont vos Enfants. Il n'y a que votre époux pour vous servir de Parent.

Poussons un peu plus loin l'analyse : les enfants peuvent être horriblement méchants avec leurs parents. Pourtant, quand ils sont en présence d'un étranger, ils deviennent mystérieusement polis et gentils. Si vous avez des enfants, vous savez ce que je veux dire. De nouveau, je vous demande pourquoi.

Pourquoi vos enfants vous traitent-ils, vous, parent dévoué, comme un moins que rien, et vous envoient-ils promener ?

Vos enfants sont pourtant des gourous, selon moi (rappelez-vous… « laissez venir à moi les petits enfants, car le royaume des cieux est à eux »). Quelle est la leçon à tirer ?

Si vos enfants sont impolis, vulgaires, voire violents avec vous, irrévérencieux, irrespectueux même, c'est, attachez votre ceinture, parce qu'*ils vous font confiance*. Je suis tout à fait sérieux. Ce n'est pas vrai seulement de vos enfants, c'est vrai de votre époux qui essaie plus que tout de redevenir Enfant.

> **Votre époux sera votre Enfant le plus exigeant
> et le plus difficile.**

Les situations peuvent rapidement se compliquer dans une société comme la nôtre où les deux cons-joints travaillent alors que les enfants entrent dans le tourbillon de l'adolescence.

Imaginez le scénario : Henri, 48 ans, perd l'emploi qu'il occupait depuis 25 ans. Il est encore trop jeune pour songer à la retraite et, avec trois enfants adolescents, il a plus de responsabilités financières que jamais (ça mange, trois ados !). Il doit donc se trouver une nouvelle source de revenu.

Son fils de 18 ou 20 ans est encore à la maison, en pleine réflexion sur son avenir personnel. En même temps, sa femme travaille, sa fille de 16 ans est en amour par-dessus la tête et sa fille de 13 ans vit ses premières menstruations. Ça, c'est une famille d'aujourd'hui. Cinq personnes qui ont plus que jamais besoin de sécurité, d'attention et d'énergie parentale. Une puissante bombe à retardement! Quel bordel. Vive le clavardage et la webcaméra!

S.O.S.! Y a-t-il des Parents quelque part?

Avant, les gens qui se cherchaient un emploi après l'âge de 50 ans, c'était exceptionnel. Aujourd'hui, ce sont les gens qui occupent leur emploi plus de cinq ans qui font figure d'exception. Les gens d'aujourd'hui sont donc des hommes et des femmes qui, à un âge plus avancé, ont besoin plus que jamais d'amour parental. Au moment même où l'autre a moins d'énergie qu'avant! Voyez-vous le problème que nous avons sur les bras? Qui va fournir toute cette énergie à Henri et aux trois ados?

Cet adulte en recherche sur le marché du travail demande beaucoup d'énergie au moment où son propre fils arrive sur le marché du travail pour la première fois. Le fils termine l'université et dépense de l'énergie pour entamer sa carrière, alors que le père arrive à 50 ans et refait ce chemin-là une deuxième fois. Et les deux vivent ça en même temps. Il y a énormément de risques de conflits entre les enfants et les parents qui se retrouvent au même point en même temps dans leur vie.

La femme de la maison se retrouve doublement sollicitée, à la fois par son fils biologique et par son joint qui est en position de Fils. Pauvre elle! Ça va en prendre, des produits naturels, pour compenser. Amenez-en, du milleperpatente, des ampoules chinoises, du Ginkgo bilobadaboum et de l'échinamachin.

Le rythme social actuel, la vitesse, la mondialisation font en sorte que ce phénomène est en croissance. Est-ce que maintenant, on comprend pourquoi il y a tant de séparations tardives, bien plus qu'avant?

Des couples se séparent après 20 et même 30 ans de vie commune. Pourtant, ils avaient déjà fait un bon bout de cycle de rinçage. Mais, quand on a tout donné à ses enfants et à son joint pendant 20 ou 25 ans, si celui-ci sollicite de nouveau une telle quantité d'énergie, c'est trop demandé. Le disjoncteur saute et, avec lui, le couple, la famille et tout le reste.

Est-ce parce que les adultes d'aujourd'hui s'aiment moins qu'avant? Est-ce que c'est à cause de la surconsommation? Est-ce que c'est parce qu'aujourd'hui on prend tout à la légère? Peut-être pas.

Ce serait peut-être que les spins manquent d'énergie. Alors qu'est-ce qui reste? Qu'est-ce qu'on fait? Je ne vois rien de mal à ce qu'aux trois ans on change d'emploi. De mon point de vue, selon les recherches que j'ai effectuées pour *Demandez et vous recevrez*, plus tôt ça arrive, mieux c'est, parce que plus tôt les gens se questionnent sur ce qu'est leur rôle de vie, moins ils ont de regrets et plus ils apprécient leur vie.

Mais d'abord, on évite de tout briser dès qu'il y a un problème. Ensuite, on se branche au plus sacrant sur la pile de Mère Nature **et** sur la pile de Père divin (je parle de fréquence, pas de sexe – perdez vos illusions là-dessus une fois pour toutes).

Branchez-vous au plus vite sur l'énergie divine!
Faites-le grâce à ce que j'ai appelé les Amplificateurs
de succès dans *Demandez et vous recevrez*.

De plus en plus de gens vivent des situations difficiles. Pas surprenant qu'on ait fait de l'épuisement professionnel et de la dépression les maladies championnes de notre société. Il est très difficile, à 50 ans, de trouver un joint-Parent pour nous nourrir d'énergie. Ceux qui sont disponibles cherchent aussi à brancher leur cordon ombilical quelque part.

Ceux qui ne méditent pas, ne mangent pas de nourriture à haute fréquence, ne pratiquent pas la respiration et ne vont pas dans la nature n'auront jamais assez d'énergie pour en donner à quelqu'un qui réoriente sa carrière à 50 ans.

Il y a vraiment un besoin massif de nourriture ici, surtout s'il reste encore dans la maison des jeunes de 16 à 22 ans qui ont peur de tout : nouveau couple, nouvelle carrière, etc. Et notre personne doit nourrir tout ce monde-là ! Une fois de plus, on n'a pas à chercher plus loin pour expliquer la quantité croissante d'épuisements professionnels et de dépressions.

Tous ces phénomènes sont des questions de déséquilibres énergétiques. Il n'y a pas que dans l'environnement qu'il y a surchauffe. La roue tourne tellement vite que c'est pratiquement devenu une scie. Épuisement, surchauffe, j'ai brûlé toutes mes réserves !

Des hypothèses audacieuses

Sans chercher à défendre ou à expliquer de façon détaillée certains comportements déficients ou déviants, je tente ma chance, outillé de mon symbole ∞, avec deux cas : la **violence familiale** et la **pédophilie.**

À mes yeux, ces phénomènes méritent davantage d'études approfondies, des études qui utilisent un angle autre que : « Ce sont des écœurants qui font ça. » Certes, ce sont des comportements à proscrire, mais ils sont si fréquents qu'il faut persister dans la recherche d'une solution fondamentale. Peut-être le symbole de l'∞ peut-il nous donner quelques pistes.

Les femmes battues

Qu'est-ce que c'est une femme battue ? Pourquoi un homme trouve-t-il un « apaisement » à taper sur une femme ? Pourquoi une femme violentée continue-t-elle à fréquenter son agresseur ? Qu'est-ce qui pousse quelqu'un à rester là après avoir mangé des coups de poing sur la figure ? Est-ce que la peur des représailles explique tout ?

Je ne fais qu'émettre des hypothèses. Parfois, il y a tellement de poubelles à sortir d'un individu que ça sort par la violence.

Attention à vos conclusions. N'allez pas croire que le symbole de l'∞ suggère qu'on pourrait demander aux femmes de rester là pour manger des claques sur la gueule pour que le ménage se fasse. Bien sûr que non.

Dans un cas comme ça – un homme qui a tellement de poubelles à sortir –, je ne vois pas chez la femme que de la faiblesse ou de la peur dans le fait de ne pas se sauver en courant dès le premier épisode. (Attention, comme il s'agit d'un sujet délicat, gare à vos interprétations : je ne suis pas non plus en train d'établir une règle qui dit que toute femme battue devrait rester auprès de son joint-Fils pour au moins 10 claques et 3 coups de poings. J'essaie de retrouver la source du phénomène sans tout cacher sous le tapis de la faiblesse et de la peur de ces femmes, plus fortes que l'on croit.)

Il y a une part d'amour inconditionnel à mon avis. Si, demain, votre enfant de quatre ans vous sacrait un coup de poing au visage, en crise de colère, que feriez-vous ? Un appel immédiat à la police ?

Il me semble qu'il y a une similitude, ici. Mais la partenaire ne parviendrait pas toujours à elle seule à nettoyer un cas extrême comme celui-ci. Il faut d'autres outils. Bien sûr qu'un agresseur doit être traité. Il doit être nettoyé en profondeur, récuré même. Il a beaucoup de poubelles à sortir, et il est possible qu'il n'y parvienne qu'en présence d'une femme-Mère.

Mais attention ! Ça ne veut pas dire que cette femme doive rester à se faire démolir. Nous essayons ici de **comprendre** ce qui se passe. Pas de créer des martyrs.

Je veux dire que dans un cas comme ça, il faut faire quelque chose. Et ça ne règle rien de blâmer ou de condamner.

Il y a des cas où la machine à laver n'est pas suffisante.

Cette situation exige une méthode de lavage spécial, un prélavage. C'est peut-être un acte héroïque de rester, mais l'héroïsme ne fera jamais le travail. Dans le fait de rester, il y a un aspect de l'attitude maternelle. Mais encore une fois, ce ne sera pas assez.

Pour les amants, il était question de recherche d'énergie ; chez les grands créateurs aussi, mais ici, c'est plutôt du décrottage, du décrassage que même sur une période de 20 ans, la machine n'est pas en mesure de faire.

Vous pouvez essayer de donner un coup de fer à repasser de temps en temps, mais ça n'enlèvera pas la tache ; essayer de laver ce linge-là via le cycle de rinçage est trop héroïque. Il y a vraiment des cas où les taches sont trop rebelles. Il faut aller chez le nettoyeur professionnel, sans perdre espoir pour… le vêtement.

Par contre, attention, il ne s'agit pas non plus, en trois secondes, de faire emprisonner quelqu'un dès qu'une assiette éclate sur un mur de la maison. Il y a à évaluer si le joint est rendu trop loin dans ses réactions. Il faut déterminer des limites des deux côtés. D'un côté, si personne dans la maison ne peut sortir ses poubelles, ça va casser. De l'autre, il y a des limites à faire l'héroïne puis à recevoir des coups. D'un côté comme de l'autre, c'est à chacun de tracer ses propres limites.

**C'est votre responsabilité de faire la distinction
entre le ménage et la violence.**

Ça doit chauffer un peu pour que ça lave. C'est comme dans un moteur (voir le chapitre 1) : si on ne le laisse pas monter de deux degrés, il ne chauffera jamais. Mais s'il chauffe trop, il y a un risque d'explosion. Assurez-vous que vos limites sont clairement tracées.

Les pédophiles

Je reprends un instant le symbole de l'∞ pour faire une autre distinction. Dans le cas des femmes battues et dans celui des pédophiles, bien qu'on ait le même dessin, avec l'homme en position Fils en rapport avec une Mère, il y a une grande différence : dans le cas des femmes battues, il est question de lavage à faire, alors que dans celui de la pédophilie, il est question de recherche d'énergie.

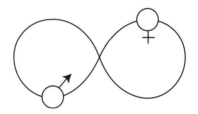

**Position de l'homme violent ou du pédophile
Position de la femme battue**

Le pédophile manque tellement de confiance en lui qu'il se tourne vers de jeunes filles ou de jeunes garçons dans l'espoir d'y trouver un Parent.

Il transpose ce qu'il prend chez un enfant (présence, attention, plaisir, etc.) dans une forme déviée d'énergie d'attention. Pourquoi les pédophiles choisissent-ils des jeunes ? Parce qu'ils ne sont pas capables de trouver l'énergie parentale chez des adultes. Le contact est moins menaçant auprès des enfants qui ne les jugent pas autant.

Les pédophiles recherchent l'énergie parentale, mais ils la cherchent au mauvais endroit. Il y a erreur sur la personne.

Ainsi, si vous connaissez une personne qui subit actuellement beaucoup de pression ou qui doit créer beaucoup, et qu'autour d'elle vous ne trouvez pas de source sérieuse d'énergie parentale, gardez l'œil ouvert. Cette personne a de bonnes chances de se trouver dans un endroit où elle ne devrait pas être. Encore plus si c'est quelqu'un qui manque de confiance en soi ou qui a récemment subi des échecs majeurs.

Ces mêmes hypothèses (pour le moment, je ne fais qu'émettre des pistes de recherches à partir du symbole de l'infini) s'appliquent aussi aux histoires qui se passent dans les milieux religieux, où on force l'abstinence avant même que les individus, qu'ils soient croyants ou non, aient eu la chance de se nettoyer ou de se nourrir d'énergie.

J'applaudis le désir d'avoir une source de nourriture auprès de Dieu le Père ou de la mère divine Ma, mais j'ai beaucoup de doutes sur le fait qu'un individu qui se lance dans une carrière religieuse soit capable de trouver, dès les premières années, l'amour paternel ou maternel directement auprès de Dieu.

Évidemment, il y a des exceptions. Surtout si on permet le concept de réincarnation. Mais il y a eu un temps où tout le monde qui avait le moindrement d'ambition religieuse ou de foi se lançait dans sa « vocation » avec un vêtement pas nécessairement nettoyé et avec un canal vers le divin pas encore du tout prêt à servir de seule source d'alimentation. Tirez vos conclusions. Qui suis-je pour émettre de nouvelles hypothèses ?

C'étaient des exemples pour illustrer comment on peut utiliser le symbole de l'∞ pour comprendre un peu certains comportements inacceptables, inadéquats. Voilà.

Nous sommes passés des chanteurs aux artistes, des divinités aux créateurs, des amants aux conflits de famille et aux comportements inadéquats.

Bon, assez de concepts : c'est le temps de la pratique ! Tant que c'est théorique, ça ne sert à rien. Il est grand temps qu'on s'en serve pour **vous** !

4

Sauter dans la machine à laver et goûter au cycle de rinçage

Ouf! Assez conceptuel, le bonhomme, non? Tant qu'à être physicien, autant proposer des concepts juteux qui remettent en question ceux qui ne fonctionnent pas.

Récapitulons. Qu'avons-nous fait jusqu'à présent?

1. *Nous avons démoli le modèle de couple actuel.* Avec la bénédiction de Cendrillon, nous partions en quête de l'âme sœur pour vivre heureux en tant que cons-joints égaux, partageant équitablement les tâches, protégeant notre indépendance et la simultanéité des plaisirs. C'est fini, ces niaiseries-là!

2. *Nous avons établi un nouveau modèle de couple.* Au programme: nettoyage, miroir, énergie, rôle de vie et jeu. J'ai proposé l'équilibre des relations Mère-Fils et Père-Fille, deux relations servant au développement de ce fameux amour inconditionnel, entre autres.

3. *Nous avons testé la validité du nouveau modèle en* ∞. Je l'ai appliqué à la vie d'artiste, à la musique, aux couples de divinités de différentes cultures et à quelques situations de la vie commune.

Maintenant, qu'est-ce qu'on fait? On passe à l'action. On saute dans la machine à laver. On lave son linge sale en famille. On frotte ses racines avec du détergent. Allez, on enlève la saleté!

Comme dans tout cycle de lavage, un processus bien défini doit être respecté. Ainsi, nous passerons par sept étapes pour arriver à nos fins.

N'essayez pas de rester là, assis sur votre steak, à lire sans faire les exercices. Je les ai bâtis pour vous. Le linge, il ne se lavera pas tout seul.

Les 7 étapes de mon nouveau cycle

1. Je choisis le bon partenaire.

2. J'opte ou non pour le mariage.

3. Je fais chauffer le moteur et me nettoie.

4. Je m'énergise à travers le couple.

5. Je trouve mon rôle de vie, je choisis une mission puis je passe à l'action.

6. Je recommence à jouer grâce au couple.

7. Je quitte le cycle en amoureux et je découvre l'amitié.

1re étape : je choisis le bon partenaire

De toute évidence, quand il n'y a pas de partenaire, il n'y a pas de couple. Quand il y a trop de partenaires, il n'y a pas de couple non plus.

Sortez papier et crayon. Voici cinq questions qui vous permettront de déterminer *hors de tout doute* si vous êtes avec la bonne personne, ou encore de la trouver.

1. Votre joint a-t-il le courage de vous attaquer là où ça fait mal? Peut-il déloger vos taches? Vous confronte-t-il?

2. A-t-il la même intensité que vous? Autrement dit, se lance-t-il avec la même vigueur que vous dans ce qu'il entreprend? Rappelez-vous que la définition scientifique d'un couple se résume à deux forces parallèles de même force et de sens opposé.

3. A-t-il des points de vue opposés aux vôtres? J'ai bien dit *opposés*. Si vous pensez toujours pareil, surtout au début, vous ne laverez rien du tout. Vous vous quitterez vite par ennui profond. Vous cherchez un opposant, un partenaire de boxe, pas un partisan.

4. Avez-vous des intérêts communs? Ne confondez pas intérêts (enfants, voyages, animaux, etc.) et goûts (aimer la même chose dans le même film, etc.).

5. L'autre accepte-t-il les objectifs du couple tels que proposés dans ce livre (nettoyage, miroir, énergie, rôle de vie et jeu) ainsi que la nécessité de l'alternance entre la position de Parent et celle d'Enfant? En d'autres mots, si l'objectif de l'un ou l'autre est encore l'égalité, l'indépendance et les carrières simultanées (ou les projets simultanés avec pointes de stress professionnel simultanées), laissez tomber.

Le reste n'a aucune importance.

2ᵉ étape : j'opte ou non pour le mariage

Fameuse question : devez-vous ou non vous passer la corde au cou, euh… la bague au doigt? J'ai présenté le mariage comme une avenue réservée aux amateurs de sports extrêmes, ceux qui veulent du sans-plomb super performant pour un moteur qui ne cogne pas trop et qui a du couple.

Voici donc une deuxième série de cinq questions qui vous aidera à prendre une décision. Attention : les questions sont peu nombreuses, mais chacune comporte de grands enjeux. (Évidemment, vous devez d'abord être avec un partenaire qui a répondu positivement aux cinq questions de la première étape.)

1. Êtes-vous tous les deux intéressés par un nettoyage complet et rapide ? Autrement dit, êtes-vous amateur de remèdes de cheval – vous savez, du genre à toujours doubler la posologie recommandée sur les bouteilles de sirop ?

2. Êtes-vous tous les deux prêts à vous montrer complètement nu devant l'autre, à ouvrir tous vos garde-robes, à vous montrer sous toutes vos coutures – donc à laisser voir à l'autre à quel point vous pouvez parfois être dégueulasse, hypocrite, menteur, arrogant (merde, je me demande bien pourquoi j'écris toujours ce type d'énumération au masculin ? Ah oui, c'est à cause d'une règle de grammaire).

4. Êtes-vous tous les deux prêts à perdre toutes les portes de sortie et toutes les excuses qui vous permettraient de rompre, comme l'infidélité de l'autre, l'inégalité entre vous deux, etc. Vous avez dit *oui*, et cela veut dire que vous vous enfermez à double tour dans la machine à laver et jetez la clé dans le drain. *Pour que le meilleur détruise le pire,* ça veut dire être prêt à tout pardonner pour se nettoyer ; votre promesse, à l'autel, **n'est pas une promesse à l'autre mais à vous-même.** Pensez-y bien.

4. Êtes-vous tous les deux prêts à devenir parfois totalement dépendant de l'autre (position Enfant), parfois totalement responsable de l'autre (position Parent). Finie, toute forme d'indépendance. Finie !

5. Êtes-vous tous les deux extrémistes au point de dire : « Nous allons réussir ou nous allons mourir » ? Si vous voulez un parachute ou une porte de sortie, ne vous mariez pas : achetez-vous plutôt des bagues au magasin à 1 $ et faites un party maison.

3ᵉ étape : je fais chauffer le moteur et me nettoie

Bon. Vous avez un couple, avec le bon partenaire. Vous avez choisi ou non de vous marier. Et maintenant ?

Maintenant, on s'engueule! *Yes,* on est encore dans marde (ne me dites pas que vous avez déjà oublié la phrase par excellence du livre *Demandez et vous recevrez*?).

Je n'ai rien à dire sur la façon dont vous vous disputez. Sinon qu'il ne faut jamais prendre une dispute pour une partie intégrante de la personne qui vit avec vous. Tout comme une tache ne fait pas partie d'un vêtement, une dispute ne démontre rien d'autre que le désir de se départir de l'une de nos saletés. D'où l'urgence du nettoyage. Parce qu'une tache laissée trop longtemps à elle-même finit par se fondre au vêtement. Après, il faut *vivre avec.*

J'aimerais aussi que vous vous rendiez compte que vous avez un allié indispensable, un détergent incomparable pour que vos disputes soient bénéfiques, et j'ai nommé… **vos enfants**! Ne sous-estimez pas la puissance incalculable de vos enfants pour *vous* purifier et *vous* élever, surtout dans vos pires moments.

Voici l'expérience que je vous recommande pour cette troisième étape: dès que le feu de la colère se manifeste entre votre joint et vous, avant même de lancer la première insulte ou la première assiette, **courez chercher vos enfants** (de trois à neuf ans). Vous avez bien compris, amenez-les dans la pièce où le combat aura lieu. Je sais, ce n'est pas ce que vous avez lu ni étudié. Pas grave. Si vous leur faites confiance, vous serez ébloui. Si ce sont vos enfants biologiques à tous les deux, ils sont littéralement un *mélange* de vous deux.

Si vraiment nous devenons ce que nous pensons, ce que vous aurez pensé toute votre vie avant la conception de vos enfants aura toutes les chances de se retrouver, oui, génétiquement, à l'intérieur de vos enfants.

Vos enfants ont quelque chose que vous n'aurez jamais dans votre couple: le point de vue mixte des deux personnes en présence. Les enfants comprennent automatiquement le point de vue de leurs deux parents, sans y voir d'opposition.

Personne d'autre que les enfants ne peut comprendre la pleine combinaison physique et mentale de leurs parents.

Parce que personne d'autre n'a, chimiquement, mentalement, spirituellement, physiquement et autres *-ment*, la combinaison totale de vous deux.

Ainsi, quand votre joint vous dit : « Tu ne me comprends pas ! Tu ne me comprends jamais ! », ne vous obstinez pas. **Il a raison.** Seuls vos enfants comprennent.

Aucun psy, auteur ou qui que ce soit d'autre ne peut vous sortir d'une impasse de couple mieux que vos enfants biologiques communs. C'est à vous de vous asseoir sur leurs bancs d'école.

J'ose donc vous proposer d'appeler vos enfants à votre secours lors de vos disputes les plus virulentes. Eux seuls peuvent lancer la serviette si un des deux boxeurs n'en peut plus.

Au risque de me mettre la planète à dos, je vous suggère de, ne serait-ce qu'une seule fois, laisser votre colère exploser aux yeux de vos enfants : ce sera difficile, mais vous comprendrez alors toute la force de vos enfants, constitués du meilleur de vous deux... et beaucoup moins sales.

Contrairement à la croyance populaire, celle qui veut qu'on ne doive jamais se contredire devant les enfants ni se chicaner devant eux sous prétexte de détruire l'autorité parentale, je vous propose de voir vos enfants comme étant *plus évolués que vous*.

☛ C'est vous qui vous chicanez.

☛ C'est vous qui évitez les flaques d'eau.

☛ C'est vous qui avez besoin d'antidépresseurs.

☛ C'est vous qui êtes toujours épuisé.

☛ C'est vous qui vous évachez toujours devant la télé.

☛ C'est vous qui êtes sale.

☛ C'est vous qui êtes malade.

Les enfants n'ont pas besoin de l'autorité parentale, et encore moins de parents qui mettent des masques devant eux pour protéger le peu de fausse crédibilité qu'ils ont.

C'est vous qui avez besoin de l'autorité de vos enfants. Pour que vos chicanes, votre nettoyage, ne se transforment pas en violence physique ou verbale. Pour qu'après la tornade le soleil de leur présence apporte le calme. Pour que leurs solutions, meilleures que les vôtres, trouvent un chemin jusqu'à vos oreilles.

Je sais, je suis cinglé. Je ne suis ni psychologue ni médecin. Je ne suis qu'un simple chercheur. Mais un chercheur qui rit en tabarnouche et qui ne fesse plus dans les murs du sous-sol depuis que ses enfants l'ont éduqué. C'est vrai, j'aurais dû développer mon autorité parentale, les voir comme des esclaves en développement plutôt que comme des rois et les engueuler plus souvent pour éviter que leurs souliers s'abîment dans les flaques d'eau.

Sérieusement, je vous suggère de *tout* faire devant vos enfants. À l'exception des positions du Kama-sutra.

Faites *tout* devant vos enfants. Vos enfants sont, une fois de plus, les meilleurs médiateurs, les seuls à pouvoir assouplir la dispute quand ce sera le temps d'y mettre fin.

Voici comment j'en suis arrivé à cette conclusion.

Un soir de tempête à notre résidence, un de ces soirs où on remet tout en question, de la carrière au mariage, Timmy, notre fils qui a alors huit ans, se pointe dans la pièce sans que nous le voyions ; il s'assoit et nous écoute.

C'est un peu comme si quelqu'un tenait une caméra et filmait à notre insu et en toute neutralité. (Comment un enfant peut-il prendre parti pour l'un de ses parents ?)

Quelques minutes plus tard, mes yeux croisent les siens. Difficile de décrire ce que j'y lis. Quelque chose comme : « C'est correct, je te comprends, papa. Maman aussi a raison. Vous êtes tous les deux très bien. Je peux prendre un peu de votre peine si vous m'en parlez. Ne vous séparez jamais, vous le regretteriez. » Nos voix se calment. La colère fait place au silence, aux larmes, puis à l'étreinte, à trois.

Je venais de comprendre que nous ne faisions que du nettoyage. C'est de mon propre fils que j'aurai reçu un des plus beaux enseignements de ma vie. « Papa, tu as le droit d'être en colère. Maman est celle qui te donne suffisamment de confiance pour que tu le fasses. Mais moi, Timmy, je sais que tu n'es pas en colère contre elle. » Il m'avait montré que nos deux points de vue sont valides et que nous avons besoin l'un de l'autre pour libérer nos poubelles.

Aujourd'hui, nous nous disputons encore, bien sûr. Nous avons encore des taches. Mais dès que ça commence, nous avons le réflexe d'aller chercher les enfants. Nous plaçons les petits dans la pièce avec nous. Nous nous parlons donc avec moins d'agressivité, comme dans un tribunal où on ne peut pas trop s'engueuler et où on doit s'adresser au juge. Dieu du ciel. Je n'aurais jamais cru qu'un jour je me disputerais avec ma femme dans le costume d'un avocat !

Les enfants sont d'excellents juges. Ils sont parfaits. Contrairement aux juges du milieu judiciaire. Parce qu'ils ne prononcent jamais de sentence. (Wow ! peut-être un modèle à considérer pour un système judiciaire plus évolué.) Ils trouvent la façon de nous donner le temps de déloger la tache.

Ne vous faites pas d'illusions : si vous vous engueulez sans la présence de vos enfants, ils le savent très bien ; ils le ressentent, la maison est pleine de tension. Au moins, quand vous le faites devant eux, en leur expliquant que c'est pour vous nettoyer, ils sont affectés mais comprennent que vous avez confiance en eux, que vous préférez la transparence aux masques. C'est mon point de vue. À vous d'expérimenter.

Sans mes enfants et ce processus, je ne serais plus avec Jessy. Et j'aurais passé à côté du paradis. Merci, *kids* !

4ᵉ étape : je m'énergise à travers le couple

Pour cette étape du programme, je vous propose quatre pratiques ou sujets de discussion avec votre joint.

1. Alternez vos pointes de carrière

Vous devez tôt ou tard choisir le cycle de l'alternance pour que chacun puisse pleinement apprendre à donner de l'amour inconditionnel et à recevoir sans condition ce même amour. C'est le moment de vous asseoir en couple et d'établir une stratégie de carrière ou de projet pour déclencher l'alternance.

Vous ne parviendrez à rien si vous vivez tous les deux en même temps les plus grandes périodes de stress de vos carrières respectives ni si vous devez vous préoccuper de payer les comptes ou de sortir les poubelles tout en cherchant votre prochaine idée de génie. Voici les questions auxquelles répondre à deux :

- Qui de nous deux a un projet majeur à réaliser cette année et qui de nous deux peut maintenir le statu quo professionnel ?

- Si nous avons tous les deux un projet majeur cette année, qui le fait en premier, et quand ?

- Comment celui qui plonge tête baissée dans son projet peut-il transférer la *totalité* de ses responsabilités à l'autre pour la période choisie ?

- Comment l'autre peut-il trouver l'aide nécessaire pour assumer toutes les responsabilités de la famille et du couple ?

Après avoir répondu à ces questions, donnez-vous une date de départ du cycle alterné et commencez la préparation de vos rôles respectifs.

2. Identifiez vos positions naturelles

Pour que le cycle soit efficace, vous devrez tous les deux jouer chacun votre tour les rôles de Parent et d'Enfant. J'ai remarqué que, de façon générale, la femme prend plus facilement la position de Mère et l'homme celle de Fils. Est-ce votre cas? Répondez à cette question. Êtes-vous tous les deux d'accord?

Il faut dès maintenant prévoir des stratégies pour vous aider à passer à l'autre rôle, celui qui est moins naturel, sinon vous allez toujours vous retrouver dans la même relation et, tôt ou tard, vous serez épuisé ou frustré.

Rappelez-vous les deux derniers des cinq objectifs du couple: **créer et jouer.** Les deux partenaires doivent se retrouver souvent dans la position Enfant, mais surtout pas en même temps, et pas nécessairement pour les mêmes raisons ni pour la même durée.

Prenons mon cas et celui de Jessy (pardon, chérie, je sais que je nous déshabille en public): depuis quelques années, je suis plus souvent qu'autrement en position Fils (écriture oblige) et moins souvent en position Père (je vous l'ai déjà dit, Jessy est une vraie sainte). Pour qu'il y ait équilibre entre nous, je dois amplifier la trajectoire Père-Fille en offrant à Jessy des occasions de jeu (mais pas des occasions de rôle de vie puisque nous serions rapidement en position dangereuse, devenant deux Enfants en même temps). J'utilise le jeu pour compenser sa position soutenue de Mère pendant les périodes où j'ai grandement besoin de l'énergie nécessaire à mes divers projets et entreprises.

Je suis donc presque toujours celui qui organise les voyages, les surprises, les activités pour qu'elle devienne Fille aussi souvent que possible et se recharge de l'énergie terrestre. Elle est dans la position Enfant moins longtemps que moi, mais plus souvent. C'est de cette façon que nous créons l'équilibre entre nous.

Éventuellement, Jessy pourra choisir de se plonger dans un projet pendant que j'assumerai à mon tour le rôle de Parent pour elle.

Cette analyse donne l'idée que notre échange est systématique, mais ça n'a pas toujours été le cas. Nous avons eu besoin de nous asseoir et, à la lumière des principes énoncés dans ce livre, de comprendre notre situation, nos outils et nos objectifs. Elle m'a lancé il y a quelques années un appel au secours que j'ai vite saisi ; j'ai annulé mes obligations pour une période de deux mois afin de passer l'été en famille, en Floride, avec ma Jessy-Fille. Je comprends aujourd'hui que ce sont ces moments-là qui ont permis par la suite à Jessy de devenir ma Yoko. Coïncidence ou non, c'est aussi à ce moment que j'ai écrit *Demandez et vous recevrez*

3. Branchez-vous sur les sources externes d'énergie

Pour assurer son efficacité, le cycle comporte forcément des apports énergétiques externes.

- **Si vous êtes en position de Parent,** vous êtes celui qui doit *donner* de l'attention et un soutien inconditionnel à l'autre. Dans ce sens, la meilleurs source d'énergie que j'ai pu trouver est celle provenant de la méditation et de la prière (voir les pratiques suggérées à la fin du livre *Demandez et vous recevrez*). Comme toutes les cultures religieuses présentent l'aspect divin principalement sous la forme de *père* ou de *mère*, la méditation et la prière permettent justement de se brancher efficacement sur cette source intérieure d'énergie.

  Amorcez une pratique de méditation ou de prière en prévision de votre rôle de Parent. Ne sous-estimez pas cette pratique. Sinon, votre Enfant va rapidement épuiser vos piles, surtout si vous avez en plus la charge d'enfants en chair et en os et une carrière à poursuivre.

- **Si vous êtes plutôt dans le rôle d'Enfant,** vos sources extérieures d'énergie sont votre joint-Parent et la nourriture (idéalement la nourriture haute fréquence et le contact avec la nature), dans lesquels vous puiserez le calme et l'énergie nécessaires à l'inspiration optimale.

Vous devez , en prévision de votre période d'Enfant créateur, choisir où aller en nature, au moins une journée par semaine, et voir à augmenter la qualité de votre alimentation.

4. L'heure du sexe

Aaahhh. On se relaxe enfin. Maintenant qu'on s'est bien engueulés devant les enfants (troisième étape), qu'on est plus calmes, qu'on se sent plus libérés mentalement et physiquement, qu'est-ce qu'on a envie de faire ? Baiser. Youppiii ! Le sexe est tellement exceptionnel après une chicane. Normal. Ça n'a rien à voir avec la chicane comme telle. C'est simplement que vous êtes plus léger, **nettoyé.**

Qui dit nettoyé dit plus susceptible de bien ressentir la circulation d'énergie. Et un orgasme, ça brasse l'énergie. Quand on s'y rend. Quand on le transmute !

C'est maintenant le temps de sortir les enfants de la chambre. Comment ? Rien de plus simple : dites-leur que c'est l'heure du sexe ! Rien ne les fera courir plus vite hors de la chambre.

Bon, on ne dit plus rien. On le fait, c'est tout.

Allez chercher l'autre et tapez-vous une bonne partie de jambes en l'air. Quoi, il est au bureau ? Je m'en fous. Allez le chercher. Comment, elle magasine ? Pis ? Sortez-la de la boutique. Y a toujours de la place dans la voiture ! Faites l'amour *right now.*

Ah ! Que c'est beau, de belles joues roses !

Bon, où en étions-nous ? Ah oui, le sexe. Mettons tout de suite fin à une absurde et cruelle hérésie, à la plus violente MTS de tout l'univers du sexe : **l'orgasme simultané.** Pour les gens qui veulent vraiment, mais vraiment utiliser le sexe dans sa pleine valeur, cessez immédiatement cette folie.

L'orgasme simultané détruit l'orgasme.

Question de vous donner un bon aide-mémoire, regardez l'acronyme créé par les mots « orgasme simultané » : **OS.** Un os, c'est bon pour les chiens. « Viens chérie, chérie chérie, viens chercher ton OS. » Quand on cherche l'OS, on est faits à l'os ! Le problème, une fois de plus, est la foutue question d'égalité. Vous êtes même rendu à essayer d'être égal à votre joint au moment, si court soit-il, où le divin descend à travers l'humain pour produire le wow ! Vous êtes même rendu à planifier le *timing* de l'orgasme… Mais vous êtes complètement cinglé !

Allez au magasin de nourriture pour animaux, achetez-vous un gigantesque os et accrochez-le au-dessus de votre lit. (Faites-le, ce sera le meilleur investissement sexuel de votre vie. Y a pas un vibrateur ou une poudre de corne d'éléphant qui vaut ça.)

Bon, ça suffit, les conneries. Je vous propose l'alternance des soirées. Depuis le début, on dit que l'un prend une position de Parent alors que l'autre prend une position d'Enfant. Ça s'applique aussi au sexe ! D'ailleurs, n'est-ce pas là le plus grand désir des personnes : « Occupe-toi de moi, je m'occupe de toi » ?

Alors. Un soir, l'un de vous prend l'attitude du Parent, c'est-à-dire qu'il va décharger l'autre de toute forme de responsabilité et de toute culpabilité, et aussi de tout besoin de performance. Il va permettre à l'autre de se laisser aller *totalement*. Et le lendemain, ou le surlendemain, ou plus tard selon vos rythmes et désirs, vous intervertissez les rôles.

Le plaisir à donner l'orgasme est différent mais tout aussi agréable que celui de le recevoir.

Ce que vous allez rapidement découvrir, c'est qu'il y a autant de plaisir à voir l'autre en abandon, en train de recevoir, qu'il y en a à soi-même recevoir. Une des plus grandes utilités de ce processus, c'est que vous allez éventuellement vous permettre le plus beau cadeau.

> **Le plus beau cadeau est de ne pas avoir d'orgasme chaque fois que vous faites l'amour.**

C'est là en quelque sorte le préalable à cette science mystérieuse, à laquelle je fais régulièrement référence et qui a du mérite à rester un peu mystérieuse : la **transmutation sexuelle.** Pour qu'un jour vous soyez capable de transmuter (*transmuter* veut dire « transformer d'un état à un autre de plus haute fréquence ») , il va falloir accumuler l'énergie sans toujours la libérer.

C'est presque toujours un facteur externe qui vous enseigne à retenir une impulsion pour passer à un niveau plus élevé. Les enfants vous le montrent. Si, un jour, votre enfant vous dit : « J'ai faim », ça va passer avant n'importe quel achat impulsif. Vous allez apprendre la retenue.

C'est la même chose dans le domaine de la sexualité. L'habitude de donner du plaisir à l'autre va vous apprendre la retenue qui fait qu'un jour la transmutation sexuelle deviendra accessible.

De plus, si vous n'avez jamais goûté à un orgasme en abandon complet, où vous n'avez aucun souci de ce que l'autre personne ressent, il vous manque quelque chose. C'est d'ailleurs là un véritable secret de la science du Kama-sutra. Le Kama-sutra authentique veut dire « le chant de Kama », le chant de Cupidon, la ballade de Kama, les sutras de Kama.

Savez-vous que dans l'enseignement du Kama-sutra, la véritable relation sexuelle se fait dans l'immobilité la plus complète ? Pour vraiment pratiquer l'échange énergétique, **le mouvement doit être réduit au minimum.**

Je vous propose donc, pour vos futurs contacts, que seul celui qui joue le rôle de Parent ait le droit de bouger.

Vous allez découvrir un tout nouvel univers sexuel aux possibilités beaucoup plus grandes que ce qu'on voit dans les films.

Pendant que l'un bouge, l'autre est immobile. Pendant qu'une personne s'exprime, l'autre écoute ; pendant que l'un voit, l'autre ressent. Une personne se nourrit de l'orgasme de l'autre, et cet autre relâche son potentiel de plaisir partout dans la pièce. Exactement comme un parent qui se nourrit de l'éclat de rire de son jeune bébé pendant que celui-ci livre son éclat de rire à la pièce.

Si vous avez oublié ça aussi, allez prendre un poupon de cinq ou six semaines dans vos bras. Avez-vous vu le visage de tout le monde quand il rit ? C'est ce qui manque dans votre lit. Ou ailleurs.

Voilà le sentier préliminaire à la transmutation sexuelle. Si vous réussissez à perdre la notion d'orgasme simultané, vous venez de gagner un univers. C'est vraiment le temps de sortir la performance de la chambre à coucher.

**On ne parle plus de performance
quand on parle de sexe,
on parle de gagner le « maintenant ».
Qui donne gagne !**

OK, la partie sur le sexe est terminée.

5e étape : je trouve mon rôle de vie, je choisis une mission puis je passe à l'action

Ah, nous y voilà.

Voici les quatre tâches à réaliser.

1re tâche : choisissez un talent et un projet

Vous savez que c'est par le cycle de rinçage que mon propre rôle de vie est devenu plus évident ; je me permets donc d'approfondir la question.

La notion de *rôle de vie* est pour plusieurs trop lourde à analyser. Trop de conséquence à ne chercher qu'un seul grand rôle. Le sens de *toute* une vie.

Reprenons le tout un peu différemment. À travers le processus du cycle de rinçage, une fois les quatre étapes précédentes bien complétées, vous devriez être en mesure d'identifier deux choses :

1. votre talent

2. une mission, un projet pour appliquer votre talent.

Autrement dit, un marteau et un clou, à enfoncer durant *votre* période Enfant, sous la supervision et la protection de votre joint en position Parent. C'est plus simple, comme ça ?

Personnellement, j'utilise actuellement mon marteau de chercheur-auteur pour taper sur le clou de ce livre. Pas plus, pas moins. Rôle de vie bien précis, bien cerné, pour une période bien délimitée de ma vie et de celle de Jessy. Ainsi, nous pouvons dire que nous contribuons tous les deux à ce projet à notre façon. Vous voyez, ce n'est pas très large. Pas du genre « sauver la planète, aider les autres ou être heureux ». Au contraire, c'est très spécifique.

En prévision de votre période Enfant, trouvez-vous **un** talent (même si vous en avez plusieurs, identifiez-en un précisément) et **un** projet.

Discutez-en avec votre joint, qui agira comme Parent pour obtenir son point de vue sur votre choix. Parce qu'une fois le choix fait, vous devrez vous y perdre jusqu'au succès.

Vous devrez gagner.

Je me suis promis de faire ici un aparté pour passer un message, ne serait-ce que pour immuniser mes propres enfants contre cette prétention de *loser* de plus en plus répandue dans notre société molle et passive : l'important, ce n'est pas de gagner, mais de participer. Et si vous perdez, ce n'est pas grave. Mais, bizarrement, les parents laissent toujours leurs enfants gagner.

Quand j'étais enfant, ma mère et mon père utilisaient ce principe à l'envers. Chaque soir, j'essayais tant bien que mal de gagner au ping-pong, mais chaque fois ma mère me lessivait. Jusqu'au jour où j'ai été assez en... (j'ai le droit de le dire, hein, m'man ?) assez en sacrament pour gagner. Merci, m'man et p'pa, de m'avoir fait perdre pour me montrer à gagner.

Parfois, mes enfants reviennent de l'école et me disent : «P'pa, le professeur nous a appris aujourd'hui que l'important, ce n'est pas de gagner mais de participer !

– Parfait, que je réponds. Gagne et tu participeras plus longtemps ! »

Tu parles d'une société de mous, toi. Quelle espèce d'enseignement c'est ça ? Imaginez la suite :

«Mes chers soldats, l'important, aujourd'hui, est de participer à la guerre, pas de la gagner. »

«Chers futurs médecins, l'important n'est pas de réussir l'opération, mais d'y participer. »

« Cher président, l'important n'est pas que l'entreprise fasse des profits, mais de participer au marché de l'économie. »

« Chers époux et épouse, l'important n'est pas de réussir votre mariage, mais d'y participer. »

« M. Edison, l'important n'est pas de persévérer en recommençant votre ampoule 10 000 fois jusqu'à ce qu'elle fonctionne, mais d'essayer. »

S'il y a des enfants qui lisent ce livre, sachez ceci : l'important ce n'est pas de participer, c'est de **gagner** !

Pour les autres, continuez à essayer. Séparez-vous. Abandonnez et regrettez.

2ᵉ tâche : Enfant, déchargez-vous de vos responsabilités Parent, apprenez à vous féliciter vous-même

Pour pleinement réussir un projet et y consacrer tout son talent, on doit d'abord se départir de la plus grande part des obligations financières et familiales en s'appuyant *totalement* sur l'autre. Par conséquent, celui qui est dans le rôle de Parent doit puiser en lui la motivation pour ce qu'il accomplit au quotidien.

Voici les exercices à remplir par l'Enfant et le Parent pour accomplir cette tâche :

L'Enfant. Faites la liste de toutes les obligations que vous souhaitez transférer à l'autre durant votre période de créativité. Puis assoyez-vous avec l'autre et trouvez ensemble des manières de faire.

Le Parent. Faites la liste des cinq zones de frustration les plus grandes pour lesquels vous savez à *l'avance* que vous aimeriez des félicitations. Écrivez-les tout de suite. Demandez à l'autre de vous *féliciter par anticipation*. Ça peut vous paraître ridicule, mais pendant que je suis à écrire ce livre, je n'ai pas remarqué à quel point ma précieuse femme avait bien suivi les devoirs et leçons des enfants. Ça ne veut pas du tout dire que ce n'est pas important ni que je ne reconnais pas ses efforts. Mais en connaissez-vous beaucoup, vous, des enfants qui remarquent tout ce que leurs parents font pour eux ? Moi non plus.

Faites votre liste et recevez tout de suite les félicitations que vous ne recevrez pas quand l'autre sera perdu dans son projet.

3ᵉ tâche : trouvez votre silence, votre espace

Comme Enfant en pleine créativité, vous ne réussirez jamais à pleinement exploiter votre talent et réussir votre projet si vous ne passez pas beaucoup de temps avec vous-même, dans un espace qui vous est réservé pour bien créer. Comme Parent, vous avez aussi besoin de silence pour vos pratiques de méditation et de prière, pour vous recharger afin d'assumer toutes les responsabilités accrues et pour trouver votre propre silence.

Il existe à ce sujet un immense piège pour couples : *la chambre des maîtres.* La chambre des maîtres ? Ciel que nous sommes prétentieux. Il va falloir changer des règles si vous voulez atteindre l'état d'Enfant à tour de rôle.

Je déteste vraiment le concept de chambre des maîtres. Non seulement c'est arrogant, mais c'est destructif autant pour le couple que pour les enfants.

Je vous propose des chambres séparées. Eh oui ! Cette fois, je viens de dépasser les limites, n'est-ce pas ? « Morency veut même qu'on modifie nos maisons. Non mais, pour qui y s'prend ? » Tant qu'à moi, vous pouvez vous enfermer dans votre chambre des maîtres, l'appeler « chambre des barons », y aménager une cuisine, un salon, une salle d'entraînement et, pourquoi pas, vivre dans une maison totalement séparée de celle de vos enfants ! Ah oui, c'est vrai, vous faites déjà ça.

La chambre des maîtres est un problème parce qu'elle provoque une recherche de fusion beaucoup trop grande pour deux humains. Mêmes couleurs, même lit, même décoration, mêmes odeurs, même style. Belle niche à compromis.

Tenez, moi, par exemple, j'adore l'odeur de l'encens. J'en brûle sans arrêt. Jessy y est presque allergique! Moi, j'adore les images divines, les icônes, la musique de mantra et.... coucher par terre. Jessy aime l'art, la musique de Céline et le gros lit *king size*! Et moi, quand je dors, je dors. En position de cadavre, s.v.p. Si nous sommes tous les deux vrais, dites-moi comment nous pouvons concilier tout ça?

Si chacun de nous a sa chambre, nous pouvons créer du mystère et même nous inviter de temps en temps pour une escapade dans l'univers de l'autre.

De plus, les enfants ne se sentent plus obligés de toujours venir frapper à notre porte à 2 h du matin parce qu'ils veulent «faire comme maman et papa et coucher avec nous».

Est-ce que ça veut dire : fini le sexe, finies la proximité et l'intimité? Loin de là! Ce que ça veut dire, c'est ce que l'alternance nous apprend : chacun a droit à son petit espace personnel d'abandon et de silence. Si vous voulez développer votre petit espace personnel pour trouver *en vous* votre réelle âme sœur, il faut vous donner des moyens pour vous retrouver vous-même et avoir votre propre lieu.

Vous avez le droit, et même le devoir, d'avoir un endroit où vous pouvez mettre vos petits objets sacrés, vous retirer, une pièce que vous pouvez garnir de votre fréquence pure, celle qui est la vôtre. Sinon, vous ne pourrez jamais relier vos deux pôles personnels, c'est-à-dire votre pôle matérialisé, celui du bas, qu'on a appelé pôle féminin, Enfant, et le pôle du haut, le parental masculin.

Voyez cela comme vous voulez, mais réussir à entrer dans le silence requis pour méditer ou prier, à côté d'une personne qui dort, qui ronfle, qui se mouche, qui a envie, qui bouge et qui tousse, **ce n'est pas une question d'amour, c'est une question d'impossibilité.**

Avoir sa chambre privée fait un peu cachottier, mais vous en avez, des cachettes, comme la grotte de votre cœur. **Je le redis : vous serez seul pour affronter la mort. Préparez-vous un peu.**

De vous à moi, tant qu'à dormir, je dors pas mal mieux tout seul. Sauf en quelques rares occasions, dans des moments magiques, plus mystérieux. Vous en comptez combien, vous, de nuits où vous avez mieux dormi à deux que seul ?

Deux chambres séparées ouvrent la porte toute grande aux fameux jeux. Si l'un désire un décor chinois ou zen, et l'autre préfère un décor égyptien, personne ne s'obstine. Elle fait son décor, les portes sont cachées, voilées, et elle m'invite en surprise à une immense soirée à la geisha… Fantastique !

De mon côté, je prépare un somptueux décor égyptien avec Osiris, Anubis, Isis, et voilà mon tour de créer le mystère. Je suis sûr que vous avez déjà plein d'images en tête. Votre pièce, c'est votre troisième tâche de cette cinquième étape.

4e tâche : vous faire botter le derrière par l'autre, à travers un jeu

Eh oui, rien de mieux qu'un jeu avec punition au perdant pour être certain que vous passerez à l'action, plutôt que de continuellement faire des plans pour votre projet.

Vous allez devenir de véritables sergents l'un pour l'autre. Vous allez vous *obliger* mutuellement à réaliser vos objectifs personnels.

Je vous nomme donc officiellement botteur de fesses de votre joint. À partir de maintenant, si votre chum ou votre blonde rate ses objectifs, ce sera totalement de votre faute.

Maintenant que les préalables sont établis, voici la suite :

Chaque soir, avant de vous coucher, choisissez une action que vous vous engagez à faire le lendemain – aucune excuse permise – en rapport avec le projet à réaliser (pour l'Enfant) et les responsabilités à couvrir (pour le Parent). Vous choisissez vous-même l'action, que vous transmettez ensuite par écrit (en quelques mots) à l'autre.

Le lendemain soir, l'autre doit vérifier que l'action a bel et bien été réalisée, et vice-versa. (Naturellement, c'est celui de vous deux qui est en position Enfant qui doit entreprendre les actions les plus marquantes, les objectifs de projet ou de créativité. L'autre peut avoir des actions de Parent à prendre, comme augmenter son énergie par la méditation ou l'exercice, par exemple.)

Que se passe-t-il si l'action n'est pas faite ? Vous donnez un point à l'autre. Le premier de vous deux à se rendre à 10 gagne le prix de votre choix. Si les deux atteignent l'objectif, personne n'a de point. Pour nous, une partie type prend de 20 à 30 jours.

Croyez-moi, c'est très stimulant. Fini, le *snooze* le matin. Là, vous allez en avoir, de la pression.

Surtout, ne soyez pas téteux. Donnez-vous un prix qui fait peur à l'autre ou un prix qui fait que vous voulez vraiment gagner. Le prix peut être différent pour chacun, mais ce sera le perdant qui devra le donner.

C'est ici que vous serez content d'avoir encore de l'ego et du respect personnel. Un peu de colonne vertébrale. Du nerf, merde. Pas question de perdre. Les enfants détestent perdre. Les parents détestent faire semblant de perdre.

C'est l'Enfant en vous qui va vous faire gagner.

Vous allez vous découvrir mutuellement à ce jeu. Il y a les amoureux conservateurs, qui se donnent des chances, même si l'objectif du jour n'est pas vraiment atteint. Ce sont les donneux de coup roulé à quatre pouces du trou, ceux-là. Pas surprenant qu'ils prennent 20 ans à atteindre leurs buts. (Je suis vraiment en train de me faire plein d'amis, avec ce livre-là.) Il y a aussi les *hard balls*, ceux qui ont la tête dure et qui, eux, ne se donnent jamais rien. Ces parties-là ne finissent jamais parce que c'est toujours égal, toujours 0-0.

6ᵉ étape : je recommence à jouer grâce au couple

Jouer. Rire. Profiter de la vie. Que tout cela nous semble loin ! Qu'à cela ne tienne, le couple arrive à la rescousse. Le jeu, comme tout le reste, est un muscle à entraîner. Maintenant que vous avez bien enclenché les cinq étapes précédentes et que vous êtes peut-être même tous les deux passés à quelques reprises par les rôles de Parent et d'Enfant l'un pour l'autre, il est temps d'apprendre à jouer… ensemble.

Pourquoi jouer? Parce que vous ne faites que parler. Parler d'améliorer votre couple ou, *d'un jour, avoir plus de* fun. C'est tellement évident au restaurant. Vous allez au restaurant, en couple, pour passer une belle soirée d'amoureux. Ben oui, belle soirée à discuter des enfants, du travail et, attention, à échanger sur votre sujet favori : l'amélioration de votre vie de couple ! (Mais non, je ne vous ai pas suivi avec une caméra cachée. Tout le monde fait pareil, c'est tout.)

Comme vous allez bientôt devoir jouer sans parler, je vous invite à vous trouver de nouveaux noms, pour que vous sachiez que c'est le moment de cesser de parler.

Tiens, pourquoi pas? donnez-vous des noms de détergents. Un humoriste (désolé, je ne sais plus lequel) a déjà fait un monologue avec des noms de détersifs, et c'était super.

En s'inspirant de cette idée, vu qu'on se trouve dans une machine à laver, vous monsieur, vous allez vous nommer Oxydol – parce qu'après une heure avec vous, votre blonde pense exactement ça (« ah! qu'c'est *dull* »). Et vous, madame, utilisez le nom Tide – pour que vous réussissiez à jouer une heure sans parler, votre chum prie : « Que Dieu T'aide. »

Vous allez voir, c'est très drôle. Amusez-vous quand vous jouez.

Donc, apprendre à passer du temps ensemble. C'est facile, tout le monde le dit, mais vous allez fixer une date. Comme vous avez encore besoin de calendrier pour jouer, on va utiliser votre fameux calendrier commun. Je vous propose d'abord *la soirée du 15*.

1er jeu : la soirée du 15

Voici un super jeu que je fais depuis longtemps avec mon épouse.

Imaginez que le 15 de chaque mois (ou une autre date de votre choix, mais toujours la même), à tour de rôle, vous allez prendre les rôles de Parent et d'Enfant.

Supposons que c'est monsieur qui commence le premier mois en se plaçant dans le rôle de Parent. Il prépare la soirée du 15 en secret. Une véritable soirée surprise durant laquelle sa jointe va jouer ; elle doit suivre et ne peut dire non. Elle doit suivre comme un enfant, se laisser choyer, s'émerveiller.

Allons, les gars, c'est pas si difficile que ça. Une Saint-Valentin par mois... (je sens que bien des hommes vont m'en vouloir). Et vous, mesdames, ça vous stresse, n'est-ce pas, de devoir suivre sans dire non ? Mais... c'est pas vous qui cherchez à vous faire enlever par un aventurier au volant de sa Harley-Davidson ? Excitant, n'est-ce pas, des chasses au trésor chaque mois ?

Vous vous rappelez les chasses au trésor ? C'est le jeu le plus excitant sur terre parce qu'au fond, personne ne veut trouver le trésor. On espère toujours qu'un indice de plus viendra s'ajouter aux autres. C'est très excitant de trouver un indice et de le trouver en sachant qu'un autre indice suivra. C'est, en soi, un bon truc pour jouer. Si votre vie commune cherche un but final, c'est en quelque sorte la fin de la chasse au trésor. Pour que ça marche, il faut toujours qu'il y ait une autre étape possible.

Il n'y a pas vraiment de règle. Sauf peut-être celle d'exclure toute forme de conversation ne faisant pas partie du jeu. Vous avez hâte, n'est-ce pas ?

2ᵉ jeu : les anniversaires

Oui, je sais, les dames en ont plus que les hommes : le premier baiser, la première sortie, la première fois où vous avez marché main dans la main, etc. Mais habituellement, c'est la date de début du couple ou la date d'anniversaire du mariage qui est la plus importante.

Mettons-nous d'accord sur quelque chose : les fleurs et le restaurant pour un anniversaire, franchement, c'est ennuyant à mourir.

Essayons autre chose. Je vous invite désormais à orchestrer, pour chaque date d'anniversaire (couple ou mariage), une fête à la saveur du thème de l'année en question (il y a une liste complète en annexe).

Mais oui, chaque année est représentée par un matériau, comme le coton pour l'année 1, le bois pour l'année 5 ou le béryl pour l'année 23. Wow ! une fête à saveur de béryl. (C'est quoi le béryl ? Aucune idée ! Mais ça sonne excitant.)

Pour vous mettre dans le bain, je vous raconte ce que nous avons fait l'été dernier, pour notre 15ᵉ anniversaire de mariage, dont le thème est le cristal. Et nous, à chaque anniversaire de mariage, nous jouons au renouvellement des vœux.

J'ai donc invité ma femme et mes quatre enfants à traverser les États-Unis en véhicule motorisé jusqu'au paradis du mariage, Las Vegas. La veille de la date d'anniversaire, un de mes employés a surgi d'un garde-robe de notre chambre d'hôtel pour me remettre une bague de cristal que j'ai tout de suite, genou au sol, offert à ma douce trois-quarts (quoi… elle vaut plus que la moitié, pour moi), en lui redemandant sa main, devant les yeux écarquillés de surprise de mes enfants. *Cool*, non ?

Le lendemain, jour anniversaire des noces, il fallait nous voir traverser le plancher de la Stratosphère, trois *boys* en habits de pingouin et trois dames en robes somptueuses, en route vers la célèbre Little Wedding Chapel, là où le vrai Elvis fait descendre la promise dans l'allée en chantant *Are You Lonesome*

Tonight? Il fallait nous voir, tous les six avec nos lunettes d'Elvis. Je raconte souvent cette histoire, parce que ça a été un des plus beaux moments dans notre vie de jeux de couple.

Renouveler vos vœux, ce n'est pas nécessairement compliqué, ni coûteux, ni long, surtout si vous êtes créatif sur la manière d'utiliser la matière de l'année. Si c'est l'anniversaire de bois, voyez si vous ne pourriez pas renouveler vos vœux dans un chalet en bois rond, ou offrir une bague gossée en bois, ou fêter sur un bateau de bois, bref, tourner autour du thème du bois. Vous pouvez manger un souper cuit sur un feu de bois, coucher sur des planches de contre-plaqué, vous perdre dans le bois.

Ce n'est pas pour rien qu'on associe un matériau à chaque année. Ça nous garde lié à la terre, en contact avec la surface terrestre. Le matériau en question, sans devenir trop ésotérique parce que ça va vous faire peur, le matériau en question dégage la vibration requise dans l'année du couple. Hou, quel thème mystérieux…

C'est qu'on nous a laissé des indices pour notre propre chasse au trésor de vie. Derrière certaines traditions se cachent parfois des vérités très profondes. Par exemple, la première année d'un couple, celle du coton, nous suggère une fibre simple, légère, fragile, qu'il faut bien entretenir pour qu'elle dure. C'est peut-être que le couple est encore fragile, qu'il faut le traiter avec soin et douceur. Ce n'est pas le temps d'être trop *rough*. C'est le temps d'être doux avec l'autre. Après 15 ans, à l'anniversaire de cristal, c'est le moment de briller et d'être totalement transparent.

Et vous, à quelle année êtes-vous actuellement? Quel est le matériau correspondant? Allez voir l'annexe (p. 165) et trouvez trois ou quatre caractéristiques qui, selon vous, sont reliées à ce matériau. Si vous avez récemment vécu une séparation, dans quelle année étiez-vous? Qu'est-ce que le matériau correspondant essayait de vous dire?

3e jeu (un défi, celui-là) : l'heure du silence

S'il y a quelque chose qui empêche les couples de bien jouer, c'est bien le monstre de la communication. Vous avez bien lu : la communication est un monstre !

Je sais que c'est à la mode de communiquer, communiquer, communiquer. Mais un des problèmes majeurs des couples et des gens qui essaient de se découvrir et de se nettoyer et de créer et de jouer en couple, c'est qu'ils parlent trop !

C'est un peu comme si, au bord de la machine à laver, vous étiez en train de communiquer, d'échanger avec quelqu'un sur la façon de laver le linge et que vous ne faisiez qu'en parler sans jamais mettre le morceau de linge dans la machine ni peser sur *start* !

Développez le silence dans le couple. Vous parlez trop. Réapprenez à communiquer par la présence et non par les mots. Votre outil ici, c'est le silence. Du temps avec l'autre sans parler. Sans un seul mot. Imaginez !

En le faisant, vous allez découvrir quelque chose d'extraordinaire. Non, de fantasmagorique. Non, de supercalifragilisticexpialidocious. Vous allez découvrir... **l'autre** ! Vous n'allez pas « échanger » avec l'autre, vous allez sentir sa présence.

Spécifiquement, voici le jeu, ou plutôt le défi (les hommes sont moins menacés par le mot *défi* que par le mot *jeu*) : passer une heure chaque jour ensemble en silence. C'est tout.

Comment ? C'est trop pour vous, une heure par jour ? Ah ! bon, ben c'est pas important pour vous, alors ? Restez célibataire ! Mais si vous avez le courage de le faire, je vous donne un aperçu de ce qui vous attend : tout d'abord, vous allez rire aux éclats.

Parce que vous n'avez pas le droit de dire ne serait-ce qu'un seul mot! Je vous invite même à vous donner des punitions si vous parlez. N'importe quoi, comme courir tout nu autour de la maison.

Réussir à passer une heure sans parler permet de parvenir à échanger au niveau des émotions, des cinq sens, du rire, comme avec des enfants. Il n'y a pas beaucoup d'enfants avec qui on peut passer une heure à discuter. Les meilleurs moments sont quand on se tait, quand on rit, quand c'est spontané. La spontanéité, l'accès au fameux moment présent ne peut jamais être atteint par la parole, seulement par la présence. Alors, qu'allez-vous faire pendant votre heure de silence? Je n'en sais rien. C'est votre défi!

Oh, j'oubliais: **pas le droit de regarder la télé**. Peut-être écouter un disque… mais pas la télé ni le cinéma, qui sont interdits. Ça vous prend des jeux et des activités différentes. Vous avez par contre le droit de vous inscrire à des cours ensemble, comme des cours de tango ou de préparation de sushis.

Je cherche à vous ramener à l'extraordinaire sensation d'être bouche bée, à vivre des moments où, non seulement vous ne parlez pas en présence de l'autre, mais vous en êtes tout à fait incapable!

Donc, une heure par jour (ou par deux jours si vous êtes trop branleux) pendant laquelle vous n'avez pas le droit de parler, mais devez être ensemble dans la même pièce. Voilà.

7e étape: je quitte le cycle en amoureux et je découvre l'amitié

Cette étape sera brève, parce qu'elle marque bel et bien la sortie du cycle de rinçage. Dans les étapes précédentes, l'un de vous joue son rôle de vie pendant que l'autre le protège. L'un regarde le film pendant que l'autre regarde son Enfant.

Mais ici, à cette étape, il est possible de jouer tous les deux *en même temps*. Autrement dit, d'être de vrais amis.

Voici vos trois tâches.

1. **Apprenez et chantez la merveilleuse chanson interprétée par Ginette Reno et Jean-Pierre Ferland** *T'es mon amour, t'es ma maîtresse.*

Les artistes ont le don de nous dire les vraies affaires. Relisons les dernières paroles de cette superbe chanson.

T'es mon amour de la tête aux fesses
Et plus ça va et plus t'es mon ami
Une bonne fois si tu veux
On s'assoira face à face
Tes yeux dans mes yeux
Ah comme ça doit donc être bon de s'ouvrir
Jusqu'au bout
Jusqu'au bout

2. Trouvez-vous un couple de divinités pour vous inspirer

Si vous voulez jouer comme deux enfants « qui ne se regardent pas l'un l'autre mais qui regardent ensemble dans la même direction », vous devez vous sentir en sécurité avec des Parents... divins. Chez nous, c'est le couple Shiva-Kâlî qui est à l'honneur. Même nos plus jeunes enfants vont dire bonjour à maman Kâlî le matin. Bizarre peut-être, mais très, très efficace. Parce que deux Enfants sans Parent, ça ne marche pas.

3. Choisissez tout de suite cinq jeux que vous voulez faire ensemble

À ce stade de votre relation, vous devez *vraiment* préférer faire des jeux qui vous plaisent à tous les deux plutôt que de jouer séparément ou de regarder l'autre jouer. Une fois le cycle de rinçage terminé, aucune activité de ce monde ne peut vous procurer seul autant de plaisir qu'une activité partagée avec votre véritable ami ! Et qu'est-ce que ce lien d'amitié ? L'amour. Quoi d'autre ?

Les mots de la fin

Pour éprouver un sentiment de réussite, ce qui a un début doit avoir une fin. C'est pourquoi jamais vous ne réussirez votre vie de couple : une fois que vous croirez avoir réussi cette vie de couple, elle ne sera plus nécessaire. Vous ne serez plus un couple mais les deux meilleurs amis du monde.

Le résultat du cycle complet est l'état d'amitié complète. D'amitié, pas d'amour. Et l'amour dans tout ça ? J'y viens.

Deux vrais amis – pas de simples chums de gars ou de filles – sont une boussole l'un pour l'autre. Et c'est par ce type de boussole qu'on trouve le vrai *sens* de sa vie. Dès qu'on ne sait plus quoi faire, on n'a qu'à jeter un bref regard à l'autre et, sans même prononcer un mot, on sait. On voit immédiatement dans quelle direction aller. C'est difficile à décrire. Un peu comme il est difficile de décrire les couleurs à un aveugle ou le goût du miel à quelqu'un qui ne l'a jamais goûté.

J'aurais préféré vous faire « sentir » cette conclusion. Les mots manquent franchement de force ici.

Comme vous aimez les quiz, en voici justement un pour vous aider à mesurer si vous avez terminé votre propre cycle de rinçage :

- Sentez-vous l'autre dans la même position que vous ? Seuls deux Enfants vulnérables peuvent être de vrais amis. (Mais oui, lorsque nous quittons le cycle de rinçage, nous ne sommes plus en relation Parent-Enfant. Nous sommes amis.)

- Dites-vous *toujours* oui à l'autre ? (et vice-versa ?)

- Avez-vous tous les deux cessé toute critique mutuelle ?

- Avez-vous perdu le besoin de faire lire un livre comme celui-ci à l'autre ? (Allez, soyez honnête… Avouez que votre réflexe est encore de dire : « Ah, si seulement y pouvait lire ça, ça lui ferait du bien ! »)

- Avez-vous définitivement cessé d'avoir recours aux promesses pour prouver à l'autre qu'il peut vous croire, que vous êtes sincère ?

- Prononcez-vous encore des *je t'aime* pour l'entendre en retour, ou la présence de l'autre est-elle suffisante ?

- Sentez-vous encore parfois que vous vous sacrifiez pour l'autre ?

C'est le genre de questions qui permettent de savoir si le cycle de rinçage est complété. Mais au fond, pas besoin de questions, n'est-ce pas ? Vous savez. Votre cœur sait.

La question principale est : est-ce que vous vous posez encore des questions ? Si oui, vous n'êtes pas encore rendu !

Pour mes recherches, j'ai fouillé des textes de différentes cultures religieuses, et ce qui se rapproche le plus de ma façon de voir le rôle de vie dans le couple, c'est ce qu'on trouve au cœur même des Védas : les quatre grandes étapes de la vie enseignées dans cette très vieille culture.

Première phase de vie (0 à 25 ans) : le *Brahmacharya*, période d'étude et de célibat. Donc, approximativement, un premier quart de vie à se découvrir, à se chercher, sans l'aide d'une autre personne.

Deuxième phase (26 à 50 ans): la vie de *Grihastha* – la vie de couple. Dans cette religion, on recommande à tous, à *tous*, de passer, non pas par l'abstinence ou l'abandon ou la grotte, mais, quelle surprise! par la phase du couple. Autrement dit, même de très vieilles cultures religieuses comme celle-ci ne prétendent pas que le paradis se trouve à l'extérieur de la vie matérielle.

Troisième phase (51 à 75 ans): pour le troisième quart de vie, le *Vanaprastha,* il est temps de se retirer tranquillement du monde matériel, en couple. **En couple!** C'est le moment d'une vie plus nomade. C'est le temps des Winnebago! Youppi!

Dernière phase (76 à ...): le *Sannyasa,* la phase où on retourne tranquillement vers le monde divin, où on cède tous ses biens – de son vivant! finis les testaments! – et où l'un et l'autre, tranquillement, ne se perçoivent plus dans la matière.

Je parle ici d'une approche pratique de la vie, de laquelle le couple est partie intégrante. Ne trouvez-vous pas fantastique que, même dans des cultures religieuses dites classiques, le couple soit l'étape numéro deux d'une vie, celle où on apprend à se nettoyer dans la matière? Moi, je suis épaté!

Après le cycle de rinçage, on passe à l'essorage. C'est la phase où on apprend à faire suffisamment confiance à l'autre pour devenir pleinement «extérieurement» égoïste, et c'est le préambule à l'amour inconditionnel.

Dans les mots du très grand maître Satchidananda (disciple célèbre du très grand Sivananda), «l'amour est un chemin à sens unique où on ne souhaite que donner sans aucun désir de recevoir».

L'amour est un Soleil qui se consume sans aucun souci pour autrui.

L'effet bénéfique sur autrui est une conséquence secondaire. Merveilleuse, mais secondaire!

Le Soleil ne rayonne pas non plus parce que quelqu'un d'autre le fait à côté de lui et qu'il cherche à équilibrer la relation. Le Soleil ne demande pas non plus à recevoir quoi que ce soit de qui que ce soit. Il est, c'est tout. Il *est*! Le Soleil est le plus bel exemple d'amour.

Si vous laissez tomber l'idée que l'amour est un préalable au couple alors qu'il en est la conséquence, vous allez vous permettre à tous les deux de vous nettoyer. Le plus tôt sera le mieux.

Ce sera seulement après un plein cycle de rinçage que vous pourrez penser à goûter, peut-être, à la gloire de l'amour inconditionnel, à l'action sans la réaction. (Avouez que c'est fort : un physicien qui dit qu'on peut aller plus loin que la loi de l'action-réaction de Newton. Pardonne-moi, ô Newton !)

On ne possède pas l'amour, on l'est. Ce n'est pas une question d'*avoir*, c'est de l'ordre de l'*être*. On ne trouve pas l'amour, on le devient.

C'est ce que disait Shakespeare, «être ou ne pas être». Il a simplement sous-entendu la suite.

Alors, quand on commence un couple, c'est : «être ou ne pas être prêt à se nettoyer à tout prix.» Et quand on le termine, ça devient : «être ou ne pas être l'amour.» Pas «en amour», «amour» tout court.

«Alors, cher Pierre, dis-moi : sommes-nous deux ou bien un après ton foutu cycle de rinçage?»

On est deux dans l'action, on est un dans l'état.

On est amis dans l'action, on est amour dans l'état.

Le couple : *la* religion du troisième millénaire

Sans détour, je prétends que, dans notre siècle, le couple est la façon la plus rapide de retourner à Dieu. Il est temps que la chimie des consciences utilise la chimie des particules et des atomes comme modèle.

Deux êtres se rapprochent, se nettoient, puis forment un élastique qui devient un plus gros cercle. Cette nouvelle identité, qu'on appelle des amis, est prête à fusionner avec d'autres entités qui s'appellent d'abord famille nucléaire, puis famille élargie, puis communauté, société, pays, planète, Univers.

Je trouve que certains de nos débats de société sont prématurés. Avant de parler de mondialisation, de société distincte ou de pays, il faudrait peut-être réussir à des niveaux plus fondamentaux : le couple, la famille, la parenté, par exemple. Puis le quartier et la ville.

Après avoir étudié pour devenir prêtre, puis étudié la science, puis baigné dans le méga monde des affaires ; après avoir fait des tas de recherches sur toutes sortes de sujets comme la méditation, l'argent, la physique quantique, le sport de compétition et la musique ; je reconnais avoir reçu mes plus grands enseignements par d'autres voies que mes études et mes recherches.

Ce qui m'a le plus permis de découvrir…

Qu'il est peut-être vrai qu'il existe un Dieu omniprésent ;

Qu'il est aussi peut-être vrai que si Dieu est partout, manger un cornet de crème glacée serait tout aussi spirituel que de réciter 10 000 *Je vous salue Marie* ;

Que faire une partie de Monopoly est aussi saint que le pèlerinage de Saint-Jacques de Compostelle ;

Que faire un câlin à sa blonde est aussi valable que d'avouer ses péchés dans un confessionnal,

Ce qui m'a le plus permis de découvrir tout ça, c'est ma relation de couple avec Jessy. Dans un rude cycle de rinçage. Au niveau de l'argent, j'ai presque tout appris dans cette machine à laver. Moi qui ai passé des années à étudier des centaines de façons de faire, d'accumuler et de placer de l'argent, moi qui ai presque tout risqué chaque année (et pour tout vous dire, presque tout perdu chaque fois) dans des projets plus «sûrs» les uns que les autres, je n'ai vraiment reçu l'abondance que les fois où j'ai misé sur des idées d'enfant approuvées, revues et corrigées par mon miroir magique.

Au fond, j'aurais dû comprendre tout ça beaucoup plus tôt. Parce que Jessy est vraiment mon miroir, elle ne peut me réfléchir de belles images que lorsque j'émets de bonnes idées.

Encore une fois, le couple est la religion du troisième millénaire. Dans cette religion si nécessaire, le mariage demeure pour moi la plus haute marche. C'est l'engagement le plus effrayant et le plus extrême. L'époux et l'épouse deviennent l'un pour l'autre l'ultime incarnation divine, puis l'ultime partenaire de jeux au paradis terrestre.

À force de passer dans la machine à laver et de vivre le même cycle de rinçage, les deux vêtements que vous êtes finiront par déteindre l'un sur l'autre pour prendre la même couleur.

Que diriez-vous si nous commencions tous à nous botter les fesses pour goûter de notre vivant ce paradis terrestre?

Épilogue

Jessy croit que la lecture de ce livre est inutile.

Annexe

Les anniversaires de mariage

1	coton	20	porcelaine	39	crêpe
2	cuir	21	opale	40	émeraude
3	froment	22	bronze	41	fer
4	cire	23	béryl	42	nacre
5	bois	24	satin	43	flanelle
6	chypre	25	argent	44	topaze
7	laine	26	jade	45	vermeil
8	coquelicot	27	acajou	46	lavande
9	faïence	28	nickel	47	cachemire
10	étain	29	velours	48	améthyste
11	corail	30	perle	49	cèdre
12	soie	31	basane	50	or
13	muguet	32	cuivre	55	orchidée
14	plomb	33	porphyre	60	diamant
15	cristal	34	ambre	65	palissandre
16	saphir	35	rubis	70	platine
17	rose	36	mousseline	75	albâtre
18	turquoise	37	papier	80	chêne
19	cretonne	38	mercure		

Les Morency

Photos : collection personnelle

En 2005, toute la petite famille au Hearst Castle, en Californie : Amy, 3 ans, Jaimee, 4 ans, Timmy, 9 ans, Charlie, 12 ans, Jessy et moi.

Mes parents, Pierre et Louise. Mon couple modèle par excellence.

Mes grands-parents, René et Laetitia. À 93 ans, ils fêtent leur 63e anniversaire de mariage. Inspirants, non ?

DU MÊME AUTEUR

DEMANDEZ ET VOUS RECEVREZ

2002 • 200 pages • 24,95 $

Dans cet ouvrage déconcertant qui a séduit plusieurs dizaines de milliers de lecteurs, Pierre Morency nous incite à nous débarrasser de nos croyances *apprises* pour les remplacer par d'autres puisées à la source de l'expérimentation.

À l'aide de nombreux exemples, il fait la démonstration que la terre est le paradis terrestre et que tout ce qu'il faut faire pour obtenir ce que l'on désire est de le demander. On ne risque pas grand-chose à essayer : pour le moment, seulement 0,9 % des gens meurent heureux !

Demandez et vous recevrez, c'est un électrochoc qui transforme notre façon de voir le monde, le travail et l'argent.

LES MASQUES TOMBENT

2003 • 192 pages • 24,95 $

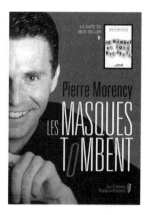

Les lecteurs du livre *Demandez et vous recevrez* n'ont maintenant qu'une chose en tête : **demander.** À partir en voyage. À perdre du poids. À moins travailler. À prolonger leurs orgasmes. À conduire une Mercedes... Ils demandent, mais certains ne reçoivent pas assez souvent ou pas assez rapidement à leur goût. Pourquoi donc ?

Poursuivant l'exploration de la démarche de vie qu'il préconise, Pierre Morency soutient que la réponse à cette question se trouve là où on la cherche le moins : en nous-mêmes. Si nos demandes ne se réalisent pas, c'est que nous manquons de cohérence ou que nous n'avons pas encore trouvé notre rôle de vie. Voilà tout.

Pour que nos requêtes prennent forme, il nous faut donc partir à la recherche de notre vérité fondamentale. Questionner les attitudes et les croyances qui sont en opposition avec notre conscience et notre cœur. Faire tomber les masques, qui nous empêchent d'être authentiques.

Avec la verve qui le caractérise, l'auteur nous aide à faire la guerre à nos incohérences : garderies, sexe, héritage, marchés boursiers, vie de couple, gourous, éducation... tout y passe !

LA PUISSANCE DU MARKETING RÉVOLUTIONNAIRE

2001 • 248 pages • 29,95 $

Faites-vous ces erreurs en marketing ?
- Écouter les besoins de vos clients.
- Gérer votre entreprise avec des budgets.
- Lancer des promotions sans les avoir testées.
- Mettre plus d'accent sur la gestion des ressources humaines et des coûts que sur le marketing et l'innovation.
- Utiliser des brochures corporatives, des salons et des représentants comme moyens de prospection.
- Ne pas offrir la meilleure garantie de votre industrie.
- Offrir du haut de gamme par soumission.
- Vendre à la fois des produits et des services.

Surpris ? Ce n'est que le début. *La puissance du marketing révolutionnaire* est un livre tout simplement renversant sur les véritables leviers de la croissance et de la mise en marché.

En vente dans toutes les bonnes librairies.
Vous pouvez aussi commander
vos exemplaires au (514) 340-3587
ou au 1 866 800-2500 (appel sans frais).
TPS et frais d'envoi en sus

Les Éditions
Transcontinental

Pierre Morency vous invite à découvrir son
Journal Quantique

Recevez chaque mois par courriel les recettes secrètes
de ses recherches et découvertes venant
des quatre coins du monde.

Les stratégies gagnantes de l'heure.

Soyez à la fine pointe du succès en vous inscrivant
gratuitement au Journal Quantique !

www.pierremorency.com